U0783088

侨界杰出人物故事丛书

李林的故事

王宝国◎著

中国华侨出版社
·北京·

图书在版编目（CIP）数据

李林的故事 / 王宝国著. — 北京：中国华侨出版社，2020. 3

ISBN 978-7-5113-8181-1

Ⅰ . ①李… Ⅱ . ①王… Ⅲ . ①李林（1915-1940）—传记

Ⅳ . ①K825.2

中国版本图书馆CIP数据核字（2020）第 002635 号

李林的故事

著　　者：王宝国

责任编辑：王　委

封面设计：何洁薇

经　　销：新华书店

开　　本：710毫米×1000毫米　　1/16　　印张：19　　字数：242 千字

印　　刷：三河市华东印刷有限公司

版　　次：2020 年 6 月第 1 版

印　　次：2023 年 7 月第 2 次印刷

书　　号：ISBN 978-7-5113-8181-1

定　　价：68. 00元

中国华侨出版社　　北京市朝阳区西坝河东里77号楼底商5号　　邮编：100028

发 行 部：（010）64443051　　传　真：（010）64439708

网　　址：www.oveaschin.com　　E-mail：oveaschin@sina.com

如发现印装质量问题，影响阅读，请与印刷厂联系调换。

前　言

孙中山先生曾说：华侨是革命之母。这是他从事辛亥革命伟大事业的亲身体验，后来成为华侨研究的主流观点。

抗日战争使华侨爱国思想的觉醒有了一个新的转折点。在抗日战争中，海外千百万华侨怀着报国之心，为抗战出了很大的力。他们不仅输财，而且输物、输人，甚至直接参战，为国捐躯，涌现出无数可歌可泣的、受人敬仰的爱国华侨领袖和民族英雄。如果我们写的抗日战争史书中忽视或遗漏了华侨对抗战的贡献，那么，我们写的抗日战争史就缺少了重要的一页，也就算不上抗日战争史的完篇。①

这本书介绍的李林，更是华侨队伍里一位罕见的女性军事指挥员。印尼归侨、女共产党员李林（原名秀若）抗战后曾任八路军一二〇师独立第六支队骑兵营教导员，在山西雁北三年游击中，屡建奇功。1940 年 4 月 26 日在反扫荡中连毙数敌，身负重伤，壮烈牺牲，年仅廿四岁。②

① 舒志超：《华侨对抗战的贡献是抗战史中重要的一页》，《社会科学》1985 年 09 期第 6 页。
② 舒志超：《华侨对抗战的贡献是抗战史中重要的一页》，《社会科学》1985 年 09 期第 7 页。

我国历史上大的反侵略和抵御外侮的战争有过很多场，发生在 1931 年 9 月到 1945 年 8 月之间的 14 年抗日战争，是战争程度最残酷，民族危机最严重，政治、军事背景最复杂，战争时间最长的一场。经过这场战争的考验和检验，证明中华民族是一个英雄的民族。其中，华侨支持、参与抗战的事迹及涌现出来的华侨英雄，更加证明了这一点。

1937 年的秋天，黄土高原上的晋绥地区，① 城镇和大部分乡村被日本侵略军占领了。出身南洋华侨的女学生李林，就在这个历史时刻逆风而上，前往晋绥地区拉起队伍打鬼子，保护人民，并且牺牲在那里。

李林在华北抗日战争爆发的三个月内就组建了队伍，第二年春天成了威震晋绥的女英雄。她率领自己亲手创建的抗日队伍主动出战，驰骋前线。

李林能文能武的传奇，在晋绥民间广泛流传——

李委员在两条腿上摊开文件，双手写字……

李教导员马脊马腹翻身上下，双手打枪……

大学生李林懂兵书，会外文，上马疆场，下马讲堂……

游击队长李林上炕如骑马，骑马如上炕，讲话如流水，行动如风驰……

南洋归侨李林来到塞外，吃得莜面饭，爬得洪涛山，穿得老皮裤；爱民爱兵，如兄如弟……

著名抗日将领贺龙，了解了李林的前线战绩后，在接见她时称她为"我们的女英雄"，这是李林生前就获得的荣誉。李林牺牲后，她的事迹遍传天下，成了全体华人所敬仰的民族英雄。

其实，李林不只是一位抗日英雄，她在读书时就做过教育救民的实验。

---

① 也称雁北、西雁北、洪涛山区，为今晋北蒙南一带，以今山西省朔州市为中心。

她到晋绥参加抗战，是在雁北的大同、怀仁、岱岳接连三座城镇被当地某些人打着日本旗拱手送给日本鬼子的时候，迎头而上。李林研究了一些人在为虎作伥的行列里充任伪职、帮侵略者做事的现象，认为是社会整体不够健康，社会人文有待研究、调整并救治，她做了大量的干预社会人文生态的事情。因此，她更是一位热衷救民教育事业、胸怀救民救国理想的大英雄。

绪 章
无乡之女，中华为乡

中国大同—山西朔州

周恩来和蓬皮杜说了什么

1973 年 9 月 15 日一大早，中国大同就迎来了一件盛大的事情：中华人民共和国总理周恩来，陪同法国总统乔治·让·蓬皮杜一行人前来访问。

大同位于山西北陲，北魏时代是都城，辽金两代是陪都。那时，大同作为中国历史文化名城，是可以和君士坦丁堡①相比肩的世界级大都市。就在北魏政权把大同营建成熠熠闪光的文明都城时期，法兰克部进入高卢，建立法兰克王国。世界文明史的内在关联是惊人的，自戴高乐总统起，文化大国法兰西的元首一向倾慕东方文明，渴望能有机会访问中国。直至戴高乐的继任

----

① 原名拜占庭城，罗马皇帝君士坦丁一世于公元 330 年在此建都，命名为新罗马，又以建立者之名称作君士坦丁堡。曾经是罗马帝国、拜占庭帝国、拉丁帝国和奥斯曼帝国的首都，在公元 12 世纪时是全欧洲规模最大且最为繁华的城市。今指伊斯坦布尔金角湾与马尔马拉海之间的地区，是土耳其最大城市。

者蓬皮杜才成就了访华之行，参观了大同云冈的北魏佛像石窟群等景观。

大同是山西的省辖市，又是山西省党政派出机构——中共雁北地委、雁北行政公署的驻在地。刚下了火车走进大同宾馆，蓬皮杜短暂休息，周恩来在二楼会议室会见了山西省和雁北地区、大同市党政军领导13人。

雁北军分区政治部主任兼大同市革命委员会秘书长宁森，把在座的人一一介绍给周恩来，大同市外事办主任杨建峰①担任现场记录。宁森介绍过后，周恩来就把大家的名字都记住了，他点着名，用家常口吻关切地一一询问他们各是哪里人、多大年龄，有时还要问到一些地方掌故……大同市委书记赵力之说自己是晋南人，周恩来便即兴问道："洪洞县是不是在你们晋南？"赵力之说是"邻近"，周恩来再问："'苏三起解'②的档案还有吗？保存在哪里？"

"有，在省博物馆保存。"赵力之答。

问到雁北地委副书记薛凤霄时，周恩来调整一下坐姿，加重语气问："那位从印尼回国参加抗日的华侨女学生，叫李林的，她不到后方做官，坚持前线抗战，牺牲在你们雁北哪个县了？"

薛凤霄："牺牲在平鲁县了。"

周恩来："噢，平鲁。那里有个纪念的场所吗？"

薛凤霄："有，在平鲁县烈士陵园建了李林纪念馆，还树有一通碑。"

周恩来："好啊！要树碑，还要给她写传记。她是我们的民族英雄，雁北

---

① 杨建峰（1933-2019），又名世祥，字璋，山西省五台县东冶镇永兴村人。先后供职于国家外交部、山西省外事办公室；"文革"后期下放，曾任大同市外事办主任等职。1984年，山西省旅游局成立，调任局长。

② 又名《女起解》《洪洞县》，京剧剧目。京剧梅、尚、程、荀等派均有特色演出。剧情故事发生于山西太原。

要多宣传李林，好让青年学生广泛地学习她的英雄精神。"①

周恩来陪蓬皮杜到来之前，他的夫人邓颖超先到大同，已经对雁北地区和大同市的同志们专门提过了李林。可见，李林在周恩来的心目中占有多大分量。

9月15日，蓬皮杜总统在周恩来的陪同下到云冈参观。参观结束时，周恩来与蓬皮杜分别谈到两国各有一位民族女英雄——法国15世纪的贞德，②中国牺牲于第二次世界大战中的李林。交谈中，蓬皮杜的一位随员及时补话说，世界大文豪萧伯纳还创作了歌颂贞德的戏剧，上演后在欧洲、甚至在全世界产生了轰动；后世法国，有一艘军舰以贞德命名，戴高乐将军的副官弗洛依克海军上校就曾担任过"贞德号"舰长。说到这里，周恩来再次把目光投向山西官员。

两国领导人的重视，表明李林与贞德地位一样崇高，

1973年9月15日，中国总理周恩来与法国总统乔治·让·蓬皮杜在大同参观。（杨建峰供图）

① 本章所述相关情况详见于杨建峰《周恩来在大同谈李林》一文（2012年12月20日《山西日报》C4版）。关于周恩来谈李林，又见于多处，主要有：屈健《归侨女英烈——回忆李林》（福建人民出版社《闽山鹭水共千秋——福建女英烈》，1990年9月第1版第228页）之编者提要；张静《抗战时期〈新华日报〉女英雄报道研究》（湖南师范大学2017年5月硕士学位论文）；舒志超《李林在上海爱国女中》（山西人民出版社《巾帼英雄——李林》1985年4月第1版）。

② 贞德（1412-1431），法国民族女英雄，天主教会圣女，被称为"奥尔良的少女""法国的救世主"。英法百年战争（1337-1453）时期，法兰西民族危亡之际，贞德得到"神的启示"，获权指挥国家军队胜利反击了入侵英军，支持查理七世加冕，为法国胜利做出不可估量的贡献。后被俘牺牲。1456年7月7日正式平反。1920年5月16日，贞德由教皇本笃15世封圣。贞德身后，出现了由莎士比亚、伏尔泰、席勒、威尔第、柴可夫斯基、马克·吐温、萧伯纳和布莱希特等大批作家和艺术家参与的持续的贞德研究和创作热。

意义一样重大；对于后世人来说，他们的话语还有一条大的启示，那就是要关注李林与贞德共同的民族性。在大同，周恩来对地方官员强调的是"民族英雄"。李林的华侨出身所证明的，也是其民族英雄色彩。

民间牌位刻写了什么

李林母校所在地厦门设有集美校友总会。总会前顾问陈水扬说：在散居世界各国的 60 多万集美校友中，在福建省，在全体南洋华侨中，我们公认的最高典型有二人，一是集美校主陈嘉庚，[①] 二是集美校友李林。[②] 时过 4 年，集美校友总会理事长任镜波先生对此加以肯定。[③]

李林母校方面的说法是站在向外的视角，再来看看李林牺牲地向内的社会记忆，两方面形成了怎样的合拍。

1951 年 8 月，中央老区访问团一行 35 人"回"到山西省雁北地区的平鲁县、右玉县、山阴县。十多年过去了，这里每个村的中老年人都还认得他们，呼喊着他们当年的称呼或名字，亲切地迎接着他们。所到之处，人们把混含着泥沙的红糖水一一呈献给"当年人"，同时都用满含惆怅的目光扫在他们的脸上，有的老太太就忍不住了，背转身用苍老而粗糙的手掌揩拭着泪眼，说："你们回来了，她不见了……"不可抑制的泪水，就这样涌流在老百姓和中央回访团成员的眼里。他们都知道，那个"没回来"的她，那个火热的她，那个威武的她，像这雄峙塞上的长城一样，像这巍巍的洪涛山一样，像"我们

---

① 陈嘉庚（1874-1961）又名甲庚，字科次，福建省厦门市集美区人。著名爱国侨领、实业家、教育事业家、教育家、慈善家、社会活动家，南侨总会主席。1949 年 5~10 月，应邀参加"新政协"筹备会议和正式会议，参加了开国大典。历任中华人民共和国中央政府委员、中央华侨事务委员会委员、华东行政委员会副主席、中华全国归国华侨联合会主席、政协第三届全国委员会副主席等职。其一生为辛亥革命、民族教育、抗日战争、新政权的建设做出了卓越的贡献。

② 引自 2011 年 4 月 23 日陈水扬对本书作者的口述。

③ 引自 2015 年 7 月 2 日任镜波对本书作者的口述。

自家的女儿一样"，永远活在人民心里。

回访团在山阴县西部民间发现了祭奠李林的牌位，上刻"李林委员"四字。李林在晋绥地区一共生活了 34 个月，因为她既能打击敌人，又能保护人民，就像神一样深入人心；所以，那里的老辈人讲起李林都会泪流满面，有的人家刻个牌位供在家里，把李林当亲人纪念，当家神祭奠。①

晋绥民间，祭奠亡灵有三大传统时节——清明节、农历十月初一、过大年。雁北人及今天的朔州人，自觉地又增了一祭——每年的 4 月 26 日，李林的忌日。田雨润先生曾任山西省朔县（今朔州市朔城区）人大常委会主任，抗日时期他是儿童团长，常常讲到他家住在朔县西山抗日根据地时，他母亲每逢时节为李林燃香烧纸祭供。直至八十多岁时，田雨润每讲到这里都还满眼是泪，声音唏嘘。

当年的右玉县儿童团长邵生荣说他 9 岁时到右玉县西碾头村参加过一次抗日动员大会，看见台上的领导有一位女的，个子不高，但气魄英武，台上其他干部都尊敬她；他就手扳台沿，仰头望她。没想到女领导走到前

右玉抗战老兵邵生荣谈李林。（郑朝亮摄影）

边弯腰一拉，就将他拉到台上，抚着他的脑后，亲切地问他多大了，家里几口人，问长问短，像个大姐姐一样亲。她告诉邵生荣说："我叫李林，你就叫我林姐姐。"然后指着东南方向，叮嘱他说："明年你大些了，来找我，我给你

---

① 屈健：《归侨女英烈——回忆李林》，福建人民出版社《闽山鹭水共千秋——福建女英烈》，1990年 9 月第 1 版第 261 页。

安排学习和工作。你到乱道沟、水头、东庄这几个村来一打听李林，就会有人指给你的。"邵生荣说，没想到第二年春天就传来林姐姐牺牲了的消息……邵生荣讲到这里，已是泪流满面。

右玉抗战老兵赵刚谈李林。（郑朝亮摄影）

100年—15000里

人民和祖国的女儿

2009年9月，由中共中央宣传部、组织部、中国人民解放军总政治部等11部门组织，全国人民投票，选李林为"100位为新中国成立作出突出贡献的英雄模范人物"之一；2014年9月，国家民政部公布了首批抗战英烈与集体300名，李林再次榜上有名。李林是国家和民间共同纪念的英雄人物。

山西省朔州市有一座李林烈士陵园，有一所李林中学，还正在建造系列主题纪念馆；福建省厦门市集美中学有一座李林园，有一所李林馆；朔州、集美和上海爱国学校都有李林雕塑，朔州至少有5尊。朔州还成立了"朔州市李林英雄文化研究会"，以李林为主要研究对象。在这些地方及其他很多地方，每年举行不同规格、规模不等的祭奠、纪念李林的各种活动。省级规格的就有很多次。写传记、演戏、拍电视宣扬李林的更是层出不穷。

　　1990年，集美中学李林园落成，李林亲人、学友及来自全国各地的代表于清明节齐集厦门集美祭奠李林。前右三起，弟弟李永成，爱人屈健，学友贾唯英、方铭，山西平鲁代表赵达；后右二，屈健之子屈海云；后左一，平鲁外事办干事王宪福。（陈水生摄影）

　　1985年4月26日，李林殉国45周年纪念日，平鲁一中更名为李林中学。（张万泉供图）

她的南洋和祖国

李林短短的一生，三年幼儿，十年侨居，七年读书，四年抗战。她走过将近 15000 公里路，都到过哪些地方，对她的性格和命运有什么影响？

李林出生 40 多天后被遗弃在一所小庙前，一位华侨家属捡到，收养了她。[①] 所以，李林压根儿就不知道自己的生身父母是谁，自己的出生地是哪里。把她送到庙前的人是她的生身父母吗？生身父母是贫苦人家吗？也不一定。总之，李林是个无乡之女；恰巧她这人心大，她的一生，把中华大地当作自己的故乡。

李林随养母陈茶在漳州市龙眼营住了 3 年，又到印度尼西亚投奔养父李瑞奇，在那里一住就是 10 年。这 10 年，李林体验了华侨生活，受到海洋文明的熏陶，使她从小开阔了视野，建立了开阔的格局；也体味到了民族不平等，心里经常在想着国家和民族的大问题。

1929 年（民国十八年）冬天，李林小学毕业，随养母回国，定居于福建省漳州市龙溪县（今龙海市）县城石码镇，所以讲起李林的籍贯，就确

李林同学贾唯英（前右）到福建龙海寻访，与李林堂嫂吴燕（前左）、李林之弟李永成在一起。（李平龙供图）

---

① 关于李林身世主要有二说：一称出生于贫苦农民之家，生父母卖给侨眷陈茶；二称被弃于漳州市塔口庵，为陈茶遇而收养。本书从后说，主要依据于二：一为李林爱人屈健 2007 年 10 月 10 日下午对军事史研究者、山西省大同市军分区原副政委王振凯的忆述记录；二为李林同学贾唯英著《侨女之光——记抗日女英雄李林》（重庆出版社 1993 年 12 月第 1 版第 1~4 页、23~24 页、33 页）。

定为龙海人了。她先在石码镇读了半年私塾，接着到厦门读了陈嘉庚先生创办的集美学校。升高中的时候，她到了杭州女中，因为那里长眠着南宋民族英雄岳飞和近代女革命家秋瑾，她要向他们学习。不到一年，20岁的李林觉得自己已经很成熟了，要做些对国家和人民有用的事情，就于1935年初转学到上海爱国女中，一边读着书，一边参加了很多活动，做了很多事情。在上海第19个月时，为了做更大的事，就北上北平（今北京）到民国学院读大学。这时是1936年7月。12月12日北平学联组织全市大中学生大型游行示威活动，李林担当了总旗手，她干得出色，被吸收为中国共产党党员。

入了党，就要听从党组织的安排。1936年年底，李林结束了大学学业，被派到山西太原参加山西省牺牲救国同盟会（牺盟会）军政训练班。1937年七七事变后，李林强烈要求到前线抗日，于7月20日第一次北出雁门关，来到大同，任牺盟会大同中心区宣传委员。51天之后，大同沦陷，李林在南返太原途中又于9月18日二出雁门关，来到平鲁县参加了开创晋绥敌后抗日根据地的大业。从这一天起，直至1940年4月26日牺牲，她在晋绥抗日事业的32个月（不包含大同时期）里，组建队伍、率部战斗、培训干部、宣传教育，大多数时候身兼文武二职，在政党和社会各阶层产生了很大影响。

李林担任过的职务先后有：山西牺盟会晋绥边区（中共晋绥边委）宣传委员；晋绥第八抗日游击支队队长兼政治主任；八路军一二〇师雁北独立六支队骑兵营教导员；山西牺盟会晋绥边区（中共晋绥边委）组织委员，兼管地方军事；晋西北行署委员兼第11专署秘书主任。

李林一生足迹所到，共有2个国家、7个省（区、市）；其中在山西一省，她到过的市级地方就有5个——太原市、大同市、朔州市、忻州市、吕梁市。李林在晋绥地区工作战斗过的地方主要有：隶属于今山西省朔州市的平鲁区、山阴县、右玉县、怀仁市、朔城区；隶属于今山西省忻州市的偏关县、岢岚县；隶属于今山西省大同市的平城区、云冈区、左云县；隶属于今内蒙古自治区的凉城县、丰镇市、清水河县、和林县。

目　录

第一章

出南洋记

1

在庙前

庙立闽南

滔滔九龙江流经漳厦平原，朝东一转弯，变得舒缓从容。江北岸的漳州市区，立有一座小庙——塔口庵。

庙虽小，它的独特与奇绝，却有好几条。

先看位置，大同路经它门前分出一条和平巷，呈人字形从它身边一左一右而去。二论宝藏，庙前是一座雕琢浑古、造型独特的经幢，都说它完整保存了唐朝以来的雕刻艺术和建筑艺术，是首批福建省级文物。三说来历，1366 年（元至正二十六年），出身地方割据势力的福建行省平章政事陈友定进攻漳州，漳州地方官罗良①为保卫地方平安而率众迎战于此，力战而死。罗良是位抗倭英雄，其家乡为他因人立祠，②这里又为他因事立庙（传说）。

1915 年（民国四年）12 月下旬的一个上午，塔口庵前的太阳升起来了，庵内香烟缭绕。2 丈多高的经幢上 24 层浮雕块石，层层明亮，块块闪光。庵前的人字形路上人流不断。人流中，有两个女人分从两个方向来到塔口庵。一个城市女人拾级而上，入庵进香。另一个妇女（何等模样，无

---

① 福建省长汀县大同镇罗坊村人，因功获授长汀尉、光禄大夫，封晋国公；明初，其家乡建有汀州晋国公祠。

② ［明］闵梦得：《漳州府志》，厦门大学出版社 2012 年 8 月第 1 版第 2159 页。

考）把一只大竹篮放在经幢之前基座之侧，须臾离去。

大竹篮边，六层块石的经幢基座，雕刻着荡漾的海水、神威的螭龙、饱满的鼓形莲瓣；往上，是直指苍天的八棱经幢，它的身上是神秘的莲花，是微笑着的佛像……

城市女人敬香出庵，听到有婴儿的声音从庵前的经幢下传来，这婴儿之声像笑更像喊，却不像哭。她走近一看，竹篮旁有许多闲人议论，却没有家人照看。她揭起篮中碎花布小被头，婴儿顺着小被子就挥舞出一条臂膊，两只眼睛笑着一挤，眯成一条缝，一个温暖可亲的笑容闪现在一颗苹果一样的圆脸上。敬香女人心里想：我敬香感动了神，神佛送我一个孩儿……她把小被头重新盖回去，就对围观的人们宣布了一声"这孩子，我收养了"，带着篮子回了家。

图为2013年11月23日的塔口庵。（王宝国摄影）

她收养的就是日后名满中华的华侨民族英雄李林。

李林降生时，第一次世界大战的大风浪正在席卷世界大部分地区，亚洲第一共和国——中华民国诞生才 4 年，又被袁世凯称帝窃国。称帝是不得人心的倒退行为，这使社会更加动荡混乱，民不聊生。在这样的背景下，国际新势力伸手中华，趁机植入新的政治。

李林的养母名叫陈茶，她婚后 5 年不育，丈夫李瑞奇于 1898 年（清光绪二十四年）到印度尼西亚经商去了。陈茶是该追寻丈夫出洋呢，还是该抱养一个孩子安度母子生活呢？她是个很信神而没主见的女人，一次次到各个庙观敬香拜神，就这样过了 18 年。这天，陈茶又来塔口庵敬香，恰好发现这个被弃的孩子。

回家后她从篮中摸出一张两指宽的纸条，上写：乙卯年十月初九日生，好心人收养。陈茶手捏字条，掐指一算，知道孩子属兔，是个水命的人，又推知孩子生日的公历日期是 1915 年（民国四年）11 月 15 日，她出生已经 40 多天。

陈茶给捡来的女儿取名翠英……陈茶收养了一个女儿，这个消息不胫而走。于是在满两个月时，陈茶办了几桌酒席，宴请亲朋至友邻居。在席间陈茶宣布说："上天保佑，我收养了一个女儿……"陈茶不好说是捡来的，只说是从一家贫苦农民那儿抱来的。[①]

从现在起，陈茶就是翠英——李林——的母亲了。

母女俩在漳州市芝山的龙眼营安度了 3 年光阴。第 3 年春，芝山一带发生了很严重的天花传染病，不少孩子因此而夭折了。小翠英也不幸被传染，但她的生命力很强，扛过了这场病灾，只是留下满脸痘瘢。陈茶不住

① 贾唯英：《侨女之光——记抗日女英雄李林》，重庆出版社 1993 年 12 月第 1 版第 4 页。

地叨叨："神呀神，你救了我的女儿，却给她留个麻脸儿，叫她日后如何找得好婆家？"

她哪里知道，20多年后晋绥军民却众口一词赞叹说："李疤子，真厉害！"

秀女成男

翠英3周岁时，是1918年（民国七年），陈茶风闻丈夫在侨居地又娶了一个妻子，就于冬天带着小翠英远渡重洋来印度尼西亚爪哇省泗水市找丈夫。李瑞奇妥善安排了陈茶母女，将他经营的两家公司之一交给陈茶，还给她配了经理。就这样，翠英随母定居泗水，开始了华侨生涯。

刚收养翠英时，陈茶曾给丈夫写信告知，丈夫不理解地回信：既是收养，怎么不收养个男孩儿？考虑传宗接代呀。陈茶又回信说出自己的初衷："小子终归是野性的，我一个孤独的女人，收养个女孩儿是我这做妈妈的小棉袄。"直到陈茶母女俩到来，李瑞奇的第二位妻子高容也没有生育。在翠英幼小的数年间，爹爹与两位妈妈又收养两个弟弟和一个妹妹，共两男两女。李瑞奇为孩子们起了学名，

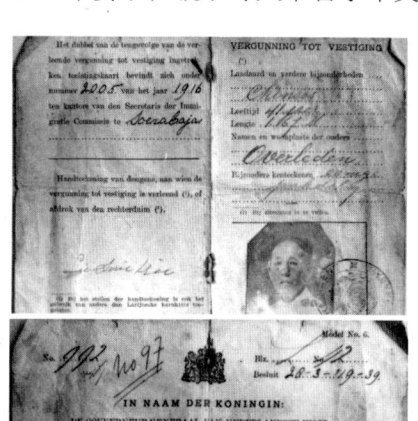

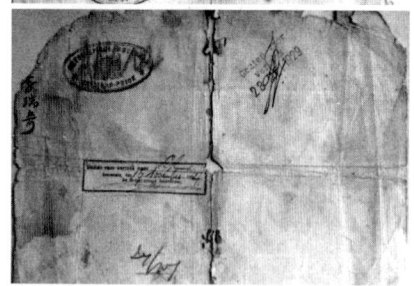

李瑞奇的出境护照。（李舟玲供图）

他把自己崇拜的太平天国忠王李秀成①的名字分嵌到四个孩子名下：翠英名李秀若，妹妹李秀娇，长弟李和成，小弟李永成。秀若和永成分养在母亲陈茶身边。

"秀女"二人，"成男"二人，其中能有一人像李秀成一样成为英雄，甚至更可爱，还真的圆了李瑞奇这番高远的心思。

秀若9岁时（1924年，民国十三年）入读了父亲创办的"中华学校"。她的南洋10年，故事多多，我们这里只举如下几桩——

一天中午，秀若放学回家，急冲冲地拉着妈妈往外走："快呀！妈妈，荷兰人打一个印尼人呢，血都流了一地了，没有人保护他，你快去救救他吧！"

"傻女子，这是荷兰人的世界，妈妈怎么能救得了他呀。"印度尼西亚是荷兰的殖民国，人们早已习惯了蒙受荷兰人的统治，妈妈无奈地回应女儿，心里却暗暗为女儿吃惊：才多大点儿一个人，心却好大。秀若摇着头，坚决地将妈妈拉到了现场。大街上，那些衣衫零乱的印尼人表情木然地不时走过；也有中国人长衫徐徐而过，短衣匆匆而来；一对扬首而过的小个子男女是日本人；一辆汽车风驰而过，车窗里一张荷兰贵族的白皙脸庞闪映了一下；两侧店铺里有人朝这里瞥一眼，汽车后面一股尘埃飘去，店铺的门一下关紧了。这里，血迹冷冷地凝在地上，只有陈茶与秀若母女不舍地留连……秀若对妈妈描述那个荷兰人如何暴打印尼人，像讲述自己的亲人受了欺侮，悲愤极了。

这天，秀若没有吃中午饭。她一直在喃喃自问：印尼人也有两条胳

---

① 李秀成（1823-1864），初名以文，太平天国将领。广西藤县大黎里新旺村人。1851年，参加太平军，1857年升为副掌率，提兵符令，进入了领导核心，曾率军大战清军，屡获胜利。

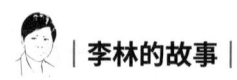

膊呀，为什么只是抱着脑袋挨打，却不是用来还手？直到十几年以后她给中共中央妇女运动委员会的领导人写的信中，仍然一连缠绕着四个"为什么"——

中国人为什么不会团结？爪哇人为什么不会团结？为什么情愿受人家的压迫？为什么受人家的统治不会反抗？[①]

为了让女儿理解不公平的根子很深，好让她不再"操闲心"，妈妈给秀若讲了一个故事：统治印度尼西亚的荷兰当局有法令规定，华侨夜间外出须带通行证和夜灯，这是专门管制华侨的歧视性措施。华侨人士，不管什么身份、如何富有，如果夜间外出被巡捕查获少了这两样，轻则罚款，重则坐牢。通行证是个小本儿，人们可以不管白天夜晚随身携带；而这盏讨厌的夜灯，却常常使华侨们挨罚。一位财产超千万的华侨富翁在下午外出访友，返回得晚了，手里没有夜灯，他想了个办法：花一元钱雇请一个街头漫游的日本妓女陪他回家。因为，荷兰政府对日本人概不干涉。

一个国家不强大，做一个富侨也没有地位；反之，即使妓女也是自由的。国家和国家就有这么大的不同！小秀若吃力地摇着头，好像理解了一些大问题，又好像有很多问题想不明白。

又有一次，秀若与同学们玩着，无意间走到了一座海滨浴场。

说无意其实不对，同学们早就对这里看在眼里、恨在心上。只是，难得纠合到秀若这位小英雄，要看她有没有办法征服那些可恶的浴场看门人，或者给她们出出气也是好的。

她们四五个华侨小同学来到豪华阔绰的浴场大门，个个都把圆圆的眼

_____

① 李林：《给中央妇委的信》，山西人民出版社《巾帼英雄——李林》1985 年 4 月第 1 版第 7~8 页。

睛瞪住对方。门口有两个警察本来像在打瞌睡，忽然感觉到了些什么，睁眼一看，他们晃动着警棍呵斥起来："快走开，这里不是你们玩的地方！"

"他们不也是小孩吗？"秀若已经望见里面广阔而蔚蓝的水面，白色的小别墅前前后后坐落在岸上，不少儿童在水上、岸上自由嬉戏。

"小孩和小孩不一样，你们华人小孩不受欢迎！"

同学们都把目光投向秀若。秀若抬手指着警察大声嚷道："你们不欢迎华人进去，你们不讲道理！你们才是不受欢迎的人！"

"我们长大了修个浴场，比你们这个还要大，看我们怎样欢迎你们进来！"秀若挺着胸脯又嚷道。

那警察受着秀若的训斥，却没恼，歪着头惊讶地瞅着她，警棍也不再晃动。有秀若这么一顿对仗，小伙伴们终于解了气。而秀若却把一肚子气愤带回家，母亲陈茶依然回答不了她的问题。

2
话说妈祖

华侨小学

李林养父李瑞奇——一位有学者风范的侨商。（李舟玲供图）

李瑞奇是个有本事的人，还大有文化品位，在当地侨胞中享有很高的威信。他热心教育，带头集资，和其他华侨联办了一所"中华学校"，并担任董事长。9岁那年（1924年，民国十三年）的春天，秀若在爹爹创办的中华学校入了学。

秀若上学归来的生活，便是在妈妈身边帮忙做活和听故事。

妈妈心地善良，但没什么主见，屋里既供着如来佛像、观音菩萨，也供着灶王爷、关公大帝。秀若不喜欢这些，妈妈就开导说："这些神呀，他们都是好人变的……"接着，妈妈就会讲老家海神妈祖的故事——

咱老家莆田县湄洲屿红螺乡的林善人家生了个可爱的姑娘，可是满月了还没有哭过，家人就叫她默娘。林默娘长大后却有志气，十几岁就跟着父亲和哥哥出海。有一次，他们的船被大风浪掀翻了，默娘两次跳进海浪里，救起了父亲，打捞回哥哥的遗体。

后来，渔民们出海有困难，常常来求林默娘帮忙，她总是有求必应，成了一位闻名遐迩的侠女。林默娘 28 岁的时候病死了，为了纪念这位又英勇又善良的女子，人们就在湄洲屿给她修了庙，慢慢地，她就成了"妈祖神"。

"妈妈，我长大也要做个妈祖神！"秀若张大了明亮而坚毅的眼睛，认真地说。儿童最富于感受性，所得的印象也最深永。神和英雄既是人所崇拜的，他们的言行在儿童心里所留下的深永印象当然就是形成他们性格的主要影响。①对照李林一生业绩与行为方式，她显然深受林默娘这个英雄人物的影响。

无论文字文本还是口头文本，都提到天后妈祖是出生于南宋初仍与世隔绝的福建湄洲岛的疍民女子林默娘……她生前最著名的灵迹是在梦中救助千里之外海难中的父兄，因此，在她死后，当地人（尤其是出海的人）相信她有超自然力量，可以引导水手在风暴中安全回家……林默娘成神之后，被当地人称为妈祖……正如詹姆斯·沃森（James Watson）所认为的，中国的膜拜可以被看作是公众价值观（诸如合作、休戚与共、社会平等）的一种表达……自妈祖信仰诞生以来，她就与中国海洋贸易的商业利益紧密地联系在一起……借着妈祖信仰不断突破方言和地域的边界，在更广阔的范围开拓领地，东南海洋人文沿着漫长的海岸线，向中国内陆、环太平洋地区辐射，在深刻影响中国文化的同时，引领着中国海洋文化走向

---

① 朱光潜：《〈柏拉图文艺对话集〉题解》，商务印书馆《柏拉图文艺对话集》2013 年 5 月第 1 版第 289 页。

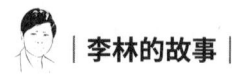

世界。①

从林默娘到妈祖神，是妈祖文化，也是海洋文明。所以，海洋文明成为李林的素质基调和性格主调。这是她一生视野开阔、格局宏大、意志坚定、敢作敢为等优良品性的源流。

秀若在学校里的表现，就证明了这一点。

中华学校聘有几位华侨教师任教，秀若的启蒙老师名叫方寅。一天，在自然科学课上，方老师讲世界地理，顺便也就讲到了祖国。

"同学们，这就是我们的祖国！我们中国有1200多万平方公里的面积，占地球总面积的7%还多……"方老师翻起世界地图，同学们看到隐藏在下面的中国地图。

"这是奔腾咆哮的黄河、长江；这是高耸入云的喜马拉雅山；这是雄峙北国的万里长城……"方老师激情难抑地讲着祖国。

华侨学生心底本来就潜伏着向往祖国的民族意识，这时都给激活了，对于刚刚认识的祖国大好河山，个个心驰神往，新奇而又热爱。就在这时，"咔啦"一声，教室的门被踢开，荷兰学监气势飞扬地踏上讲台，警告教师道："可爱的先生，你的知识倒很丰富。不过，我告诉你，你讲中国地理，已经违令了。"

"……中国地理，也是世界地理的一部分，况且，我和学生都是中国人……"方寅老师据理抗议。那荷兰学监仿佛听到了天方夜谭，发出一阵轻蔑的冷笑："中国？这是多么值得骄傲的啊！哈哈哈……"

"中国怎么啦？中国比你们荷兰大20倍！"秀若闻声站起，运用刚刚

① 彭维斌：《论妈祖信仰的形成与东南海洋文化的扩张》，《漳州师范学院学报》（哲学社会科学版）2013年第2期（总第89期）第1~5页。

学到的地理知识勇敢地还击了荷兰学监。荷兰学监被激怒了，一把扯下中国地图，践踏在地，朝着方老师斥辱说："先生，请你告诉这个小崽子，你们的国家已经一败涂地了！你们是东亚病夫，劣等民族！只有我们高贵的白种人才配做世界的主人！"

谁也想不到，荷兰学监这么一句话竟给幼小的秀若刻下了心头的伤痕。因为，在她的思想中，每个中国人都是要为祖国负责任的，祖国如果真的是"东亚病夫""劣等民族"，自己的责任该有多大啊！秀若想，我们不做"世界的主人"，但我们一定要做自己国家的主人！在未来的生涯，她经常用口对自己的同胞讲，用喷射的机枪对日本侵略军讲。

荷兰学监扬长而去。秀若上前拾起地图，用自己的手绢把地图揩抹干净，双手捧到方老师面前。脸色灰白的方老师神色有些恢复，他好像从秀若的行动中看到了希望，颤抖着声音，对学生们说："孩子们，这大概是我给你们讲的最后一堂课了……你们快快长大吧，我们的祖国等着你们！"

果然，第二天的讲台上就再也不见方寅老师的身影了。这让秀若顿感整个学校趣味索然，而"祖国"二字的意念更强烈了。10年之后，她向中央妇委这样汇报自己在南洋的经历见闻及思想意识的长成：……因为我父亲在荷属的爪哇经商，所以我便是该地长大起来的……在那时候，我只带回来一个深刻永不磨灭的印象，那是：荷兰人对于当地爪哇人专制的统治与残酷的压迫和中国人在那里的不自由。[1]

---

[1] 李林:《给中央妇委的信》，山西人民出版社《巾帼英雄——李林》1985 年 4 月第 1 版第 7 页。

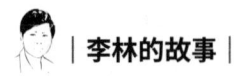

南洋侨魂

听到荷兰学监说中国是"东亚病夫""劣等民族"时，秀若立刻联想到爹爹讲过的陈嘉庚先生——33 年前，一个 17 岁的小华侨来到淡马锡，[①]接了他父亲欠账 20 万元的企业，辛苦经营，然后连本带利一一归还。

"阿秀啊，你可知道淡马锡的法律规定吗？父辈欠下的债，后辈是可以不负责偿还的；这年轻人父债子还的故事，名扬东南亚……"

"公忠诚毅"的偶像，南洋侨领陈嘉庚。（福建省厦门市陈嘉庚纪念馆正厅雕塑，王宝国摄影）

"爹爹讲的是陈嘉庚吧？我们在学校听说过，连荷兰人都跷大拇指呢……"听到这里，秀若抢着嚷起来。爹爹接着讲道：陈家是厦门同安县集美社华侨世家，和我们老家漳州是邻居啦。淡马锡地面儿出了个"一诺万金"的诚信华侨，人人都想和他合作，人人都愿意帮他，仅仅 10 年，陈嘉庚就成了百万富翁。当橡胶第一次从巴西移植到马来亚，他就种在自己的菠萝园里。如今，他已拥有 15000 英亩的橡胶园，东南亚各国的华侨都称他是橡胶大王啦！

"他是不是还要把橡胶种到大陆故乡去呢？"秀若期待地问。

"阿秀啊……"爹爹摇着头，似乎有说不出的沉重。他挥挥手，叹气说："咱们大陆故乡最需要的不是橡胶园……"秀若一听，越发急切，缠着爹爹要他说出大陆故乡最需要的是什么？爹爹用骄傲的口气接着讲陈嘉庚

---

① 新加坡当时的民间称谓。

早已跟随孙中山先生，做了一个革命者。秀若忙插话问道："革命是做什么？为什么要革命？"

爹爹想了想，说："为什么要革命呢？因为我们祖国几千年来一直是皇帝制度。有皇帝，就是人民头上有统治者，这和其他大多数国家的制度是不一样的。统治者的利益和人民的利益是反着的，他们有利了，人民就不利了；他们的日子过舒坦了，人民就陷入苦难了。所以，统治者所作所为，都是只害人民，不保护人民的。比如说，荷兰人在印尼屠杀了好几万华侨，中国的清朝皇帝为什么不保护华侨呢？因为做了华侨就做不成他们的奴隶了，他们把咱们做华侨的称为'叛民'。"

"清朝人怎么就做了皇帝了？"秀若紧追不放。

"杀人呀！"爹爹一下激动起来，痛切地讲了清朝人南下杀人如割草，在扬州杀人杀了整整10天，80万具尸体摆在扬州城；在嘉定城杀了三个来回，等等。说了几千年的皇帝统治者都是用杀人的办法立了自家的王朝。

"爹爹，我们不要皇帝！不要皇帝！"秀若急切地嚷着说。

"孙中山先生闹革命，就是推翻清朝，推翻皇帝制度。"爹爹接着讲陈嘉庚追随孙中山最早参加同盟会，唤醒侨胞，真金白银援助祖国民主革命的故事。爹爹说："故乡大陆最需要的不是橡胶园，橡胶大王陈嘉庚贡献给祖国的也不是橡胶，是大办教育，支持革命。"

"哦，革命、办教育，革命、办教育……"秀若喃喃自语，似乎在努力地理解革命与教育的人事情。她在内心不断地发问：像陈嘉庚那样的人能是"东亚病夫"吗？当然不是！我们中华民族既然有一个陈嘉庚，就会有很多优秀的人……这位小小侨女，也和越来越多的、一代又一代的华侨一样，自觉地将陈嘉庚奉为楷模。

爹爹又讲了一件事情：就在她跟着妈妈出洋来印尼那一年，陈嘉庚在家乡创办的集美学校正式开学了。

"我长大了一定要见见陈先生……"秀若想不到的是，自己后来真有机会上了集美学校！她更想不到的是，在她的身后，有一对华侨夫妇①捐资为她修建了"李林园"；她，一个年轻的侨女也如陈嘉庚一样，得到了被人万古千秋奉为楷模的待遇……

李秀若自印尼泗水带回的书信箱。
（李舟玲供图）

---

① 指施学概及其夫人洪秀算。施学概，字伯天，号晋江诗客，福建晋江龙湖人。集美中学高中44组校友，香港综达集团有限公司董事长、总经理，任国务院香港事务顾问、香港特别行政区首届政府推选委员会委员、全国侨联委员等多种社团荣誉职务。与夫人洪秀算捐建了集美学村李林园。

第二章

当官了，还是个好学生

1
集美读书，藏"诚毅"二字，访英烈二魂

文体女生

15岁时，秀若在南洋高小毕业，于春节前回国了。这时，是己巳年的腊月，西历1930年（民国十九年）元月。

李林与妈妈回国之初，全靠堂兄李太乙（右一）、堂嫂吴燕（右二）的照应才得落脚。左二、左一分别为李太乙吴燕长子李松湖、次子李松根。（李平龙供图）

回国时的秀若，脑子里全是对祖国的好奇与向往。她想：回到祖国就远离了异族的欺压，自由与公平就在可爱的祖国。可是她一上岸，就遇到了成群的乞丐，这又引发了秀若关于民众教育的思索。

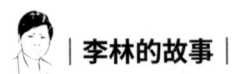

刚回国时秀若先在石码镇读了几个月的私塾。后半年，她获得一条好消息：华侨子弟可以到厦门读集美学校！

在我回到中国不到半年的工夫，我很幸福地进了陈嘉庚先生创办的集美中学校。① 在集美，秀若先读幼稚师范6组，一年半后转入女子初级中学10组。

为什么秀若这么向往集美学校呢？看看陈嘉庚先生定的校训就知道了——"诚毅"，这是从中华传统文化提炼出来的士君子文化，它对于有大志向的青年来说，便是照耀前路的灯塔。校主奠基的大好灵魂，永远不会流失，传唱到今的集美校歌里就有一句：诚毅二字中心藏。

同时，秀若的文学时代，也是共产国际兴起的时代，她在集美学校读了大量苏俄文学。直到晋绥抗日训练班，她还时常为学员们讲到屠格涅夫《门槛》中为国献出生命的女郎。而《夏伯阳》《第四十一》等苏俄作品中的英雄主人公，则简直是与她终生伴随的影子，这时期，她就显露出革命者的性格特征。

要说秀若的文化奠基、精神成长，影响最深的时期就是在集美读书时期：在那个时候，我最喜欢的是文学，我希望着我能够做一个大文学家，我经常读着屠格涅夫的小说……②

在集美，她还发展了自己的另一特长：……除了爱文学而外，还喜欢体育。因为，学校里有许多和我同样是南洋爪哇来的，能够说同样的话。因此，我们组织了篮球队、排球队，我们经常和外面学校学生比赛。在假期中，我们也跑到了粤属的汕头、潮州等地去和那儿的学生比赛，我们常

---

① 李林：《给中央妇委的信》，山西人民出版社《巾帼英雄——李林》1985年4月第1版第8页。
② 同上。

常获得光荣的胜利归来。①体育，是秀若平生之爱，她最终把它用到革命
与战斗的一生中。

　　校主楼前，快乐的女生们。短发中分，目光深邃，站在最前，
唯一着长裤者就是秀若。（集美中学供图）

　　1931 年（民国二十年），日本驻华的关东军发动了九一八事变，侨居
南洋的陈嘉庚从这时起，先后捐助了祖国 18 亿国币的抗战经费。集美学
校这天成立了抗日救国会，会里又组成抗日义勇队，秀若因凡事积极果
敢，被推选为抗日义勇队的演习分队长。不久，她和另外 19 人当选为该
校学生自治会代表，并兼任文书股长。时过两月，又发生了日军入侵上海
的一二八上海战争，秀若积极参加抗日工作，她捐献银圆 1 元。

　　就这样，女英雄知行合一的英雄实践，从集美开始了。两年来，她名
满集美，赢得大多数同学们的钦佩。

　　1933 年（民国二十二年），秀若进入实践毕业班。12 月，18 岁的李秀

---

① 李林：《给中央妇委的信》，山西人民出版社《巾帼英雄——李林》1985 年 4 月第 1 版第 8 页。

若在集美学校毕业了。

模仿与制造

集美毕业，秀若远行1150公里到杭州读高中。这是为什么？

这还得重提集美。陈嘉庚先生是个爱国者，他选择明末清初民族英雄郑成功部队在厦门演武集兵的古炮、古榕、集美寨、国姓井等遗址作为集美学村和厦门大学的校址，并且刻意保护了它们，还做了保护性的标志，两所学校便成了爱国主义大公园。由此，更加深了秀若的爱国思想，她要效仿那些爱国的楷模人物，所以，自觉地从郑成功延伸到了岳飞和秋瑾。

为了追寻杭州西子湖畔长眠着的这两大英魂，她拉了最要好的同学刘銮英选读了浙江省立杭州女中。

矢志抗金的南宋民族英雄岳飞，为收复失地一生苦战；自称"鉴湖女侠"的近代革命先驱秋瑾，为了推翻皇帝的黑暗统治而从容就义。他们的故事每每震撼着爱国者的心。在岳王庙里，在秋瑾墓前，秀若与銮英时常流连忘返。

"太平天国失败了，秋瑾女士站出来了，我替李秀成感谢他们这些反皇帝的英雄！"刘銮英含笑点头，她知道秀若名字的来历，懂得秀若"不要皇帝"的思想，也就懂得秋瑾在她心里的家国两情。

"銮英呀，你说说，有这样的人，我们中国还能算劣等民族吗？"秀若对銮英说，实际上也是对自己说。銮英说："不算，不算，我们中国人有你李秀若这样的人，就不能算劣等民族！"

大有男儿风范的李秀若，留下一张上树的影像。（集美中学供图）

秀若与銮英在杭州读书将近一年，学岳飞，仿秋瑾，把两个英雄装在心里，化在血液里。后来，秀若坚决抗日，正面征战，主动出战，这和岳飞抗金的行为如出一辙；她短短一生冲破家庭束缚外出革命、喜刀枪、扮男装、学骑马、办报纸……直至为国牺牲，种种作为，种种情形，甚至命运特点，又如秋瑾再世。

秀若的性格里有特别显著的两点：一是凡事总要追根究底，二是从来不怯场。为了了解岳飞和秋瑾，秀若除了遍翻学校图书馆，还跑到班主任老师那里追问起来："岳飞是民族英雄，旧时代都有重视。现在日本闹得这么厉害，我们又是民国了，为什么不见政府去修补修补岳王庙，打扫打扫那里的灰尘？"老师听了，眼睛里全是对她蓦然而生的敬意，满脸表情都如西湖水一样微波荡漾，却不作声。秀若急了，又问："政府不行动，难道我们学校也不能组织同学们去纪念纪念？"她说着就建议出来："我请老师号令大家明天就去祭拜岳飞，祭拜秋瑾！"

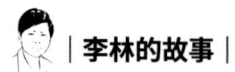

老师的头，似乎微微点了点。秀若的嘴张了张，又要说出话来的时候，老师默默扯一片纸，从一个本翻出一首诗，抄给她——

钱王登假仍如在，伍相随波不可寻。

平楚日和憎健翮，小山香满蔽高岑。

坟坛冷落将军岳，梅鹤凄凉处士林。

何似举家游旷远，风波浩荡足行吟。①

秀若接诗在手，读一回，把求解的目光再投回到老师脸上，老师轻轻地对她说："这是鲁迅先生写给郁达夫的，意思是你们不必迁移到杭州这地方住……好了，你回教室去吧。"

"坟坛冷落将军岳"……秀若反复读着这句诗，心里冷一阵、热一阵。冷的是，世事这么虚伪冷酷，国家和政府这么靠不住。看来，心存爱国，效仿英雄，全得靠自己了。热的是，毕竟有鲁迅这样的明白人指点我们，有他和集美校主陈嘉庚这样的人，社会就有指望。

美丽的杭州，在侨女李秀若心中正在变味；不久，日本驻军不断逼近华北的消息，在秀若心中击碎了杭州最后一点美丽。

九一八事变之后，国军二十九军军长宋哲元②率部在长城古北口、喜峰口与日军舍命大战，吉鸿昌③在察哈尔坚持抗日……时局越来越紧张，

---

① 后收入《鲁迅全集·7》，人民文学出版社1991年北京第1版第155页；又见于李文伯《鲁迅诗〈阻郁达夫移家杭州〉诠释辨义》（载《杭州大学学报》第3期73页，1979年9月）。

② 宋哲元（1885—1940），字明轩，山东乐陵县人，国民革命军第二十九军军长，抗日名将。1935年率大刀队在长城要隘喜峰口、罗文峪与日军展开血战，消灭日军6000余人；以喜峰口血战为背景创作的《大刀进行曲》唱遍了全中国。获授陆军二级上将，任平津卫戍司令、冀察绥靖主任和冀察政务委员会委员长兼河北省政府主席。

③ 吉鸿昌（1895—1934），字世五，原名吉恒立，抗日爱国将领，河南省扶沟县人。在冯玉祥部升至军长，后加入中共。1934年11月24日，因参与向政府发难的暴动而被处死于北平陆军监狱。

但杭州仍然平静得像无事一般。

杭州城里有秋瑾，秋瑾"教导"了秀若许多，可秋瑾不会站起来和她们一同行动。秀若已有新的想法在酝酿，她的心里一阵阵激跳不停。

"我们转学吧，转到上海。放假就走。"1934年7月的时候，秀若把一张过期的《申报》递到挚友刘銮英手里，强烈提议道。报上刊有广告：上海爱国女子中学不日开学。此校系蔡元培先生创办，诚招各地爱国青年入此就读。①

"来了杭州才半年，又要转学？如此我们还学不学了？"刘銮英觉得秀若的意见太意外了。秀若讲述秋瑾也曾在爱国女中与革命者蔡元培先生共谋革命大事，说："那里必有我们可以施展之处……国事如此，我们还有什么理由继续埋头于个人的学业里？"銮英经不住秀若一再倾诉心衷，也就顺从了秀若。

1934年（民国二十三年）学年末，秀若与刘銮英一起离杭转沪。

离杭之前，她们还是与秋瑾不舍，二人特地定制了两套"秋瑾装"：灰麻卡其布的料子，一统齐到底的长袖长袍，脚蹬一双男式方头皮鞋。就这样，大摇大摆走进上海小姐们的视野。

---

① 冷燕虎、欧阳惠：《赤子热血——环球华侨抗日行动》，解放军文艺出版社1995年7月第1版第130页。

2
太原受训，当政治干部，做军事学生

按时序，行文到此应该讲李林到上海和北平的故事了。但为了叙述一个统一的题意，这里提前讲讲李林从北平到太原后，在山西省牺牲救国同盟会（以下简称"牺盟会"）军政训练班如何谦虚诚恳地学习军事、练成武艺的故事。

戎装女兵

1936年（民国二十五年）底前的日子里，李林被派到太原，参加国共合作的抗日训练。

来太原前就加入中国共产党的算是老党员了，他们被分散派住在各个寝室，以便引导和管理来自全国各地的青年们。由于华侨身份，李林又受到党员以外的特别关注。对于南洋侨女李林而言，幸运的是来到内陆省份，遇到的竟然又是一个中华为乡、来自五湖四海的同行者，这使她如鱼得水，心怀大放。在这个南腔北调的群体，她与大家一见如故，马上成

山西国民师范，山西抗战干训班基地。（王宝国摄影）

了亲热的姐妹。

牺盟会成立之初即举办两件大事，在山西省国民师范开办抗战训练"一班""一团"：军政干部训练班，民众干部训练团。一时之间，被称为"小延安"的太原，有气象，有业绩，被人们与黄埔军校和延安抗大相提并论。从各地纷纷涌到太原的进步青年一天比一天多，军政训练班在短短三个月内，由设立之初的 5 个连急剧增加到 12 个连，受训有成的人员不断分流出来，抽调到各地工作，同时填入新人。

按中共山西工委安排，在干训班这个大阵营设有特区党委，在各连又设有党支部，都是秘密运行的机构。李林是特区党委的委员，是干训班的连党支部书记。虽说"秘密"，但也瞒不了那些来自大城市的学员们的眼睛，大家都看出李林是个共产党的官儿。

李林被编入 12 连，这是唯一的男女混合的连队。不久，有来自全国 16 个省市的 190 多名女学员到来，所以，将第 11 连调整为专门的女兵连；李林被调入 11 连。

这个女兵连作为抗战前夕在国统区公开武装起来的第一批女兵，像一道风景，在古城太原光彩闪耀。而接下来的故事，也都出自这拨风景般的女兵。

军装发下来了，是晋绥军换下来的旧军衣，破烂、污秽，有的还散发着气味。这些来自大城市的知识女性一个个捂着鼻子躲开。打破这一僵局的人是李林。她笑着走近堆着的军装，说"当兵抗日，就是要穿军装啊"，她不挑不拣顺手拿起一套麻利地换在身上。李林一带动，身边的 16 名女生纷纷换上军装；其他房间的人闻风而动，一堆旧军装全上了女生们的身，大家有的打绑腿，有的整军帽，一群叽叽喳喳的女生，霎时变成了一

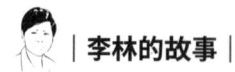
队全副武装的女兵。

"军装旧，怎么了？一来政府不容易，抗战大事用钱的地方有多少；二者，这旧军装可是沾着前线将士的英雄气呢！"李林对女兵们补话道。

女兵们的日常活动和男兵连相同，除星期日休假，每天上午三个小时按"步兵操典"的规范进行军事训练。第一个月是训练整队的基本动作和跪卧等徒手动作；第二个月，每人发放一支崭新的六五步枪，开始各种枪法动作训练。这一套动作学成后，开始出操——到城外旷野进行战斗训练。参训女兵按要求

山西省牺牲救国同盟会会徽。
（朔州市李林英雄文化研究会资料图）

每人每天要使用步枪、手枪、轻重机枪三种武器，每人射击5弹、投手榴弹5枚、打迫击炮3发。野外训练是相当艰苦的，女兵们身背"七斤半"步枪，穿着又肥又大的军装，往往操练半小时就累得筋疲力尽了。

队伍有时南城出北门归，有时北城出南门返。每当回到城里，她们就又精神抖擞起来，因为满街市民潮涌围观，尾随追看——"快看啊，女兵！"

河南的9名青年比李林晚一个月，也来了。其中的穆欣①与李林相熟了，而且印象深刻——

---

① 穆欣（1920-2010），原名杜蓬莱，河南省扶沟县人。1938年在山西吕梁创办《战斗报》，1940年参与创办《抗战日报》（后称《晋绥日报》）。1949年后历任中国外文出版发行事业局副局长，人民画报社社长兼总编辑，光明日报总编辑、党组书记。

她的身材不高，但是，很精干。因她一直坚持体育锻炼，体格比较壮实，在长期抗日救亡运动的斗争中经受了磨炼，形成了明朗、坚强的性格。她和当时社会上常见的许多知识妇女不同，在她身上既无那种雍容华贵的闺秀气，也没有那个时代多数女性中常见的腼腆怯懦，而是具有一般女同志所不能及的勇敢和胆识。她的性格比较豪爽，心地坦荡，磊磊大方，做起事来虎虎有生气。她的才智出众，办事得体，同连的男学员们也无不衷心赞佩。①

狭隘与侠义

晋绥军官主管军训的是一位姓唐的连长。他要求学员要做到"三快"：吃饭快，走路快，拉屎快。整队到食堂，一声开步走，小跑而进；一声立正，马上开吃，饭间还不准说笑；只几分钟时间，不管吃完没吃完，一声起立，全体开拔。唐连长整天没个笑脸，无论男女，严肃管理，大小失误，严厉惩处。

这本来是军训生活的正常规程，但对从大城市来的知识分子们来说，实在难以适应。学员中很多是中共党员，又由于听政治课轻松自在，所以，大多数学员的注意力投在廖鲁言、韩钧等指导员、副指导员身边，而不愿意靠近唐连长他们这些晋绥军教官。

只有李林是个例外，别看她是个政治干部，却对来自晋绥军的军事教官和具有中共背景的政治教官一视同仁，她专拜最严肃的教官为师。其他女学员害怕教官们出现，更害怕唐连长；而李林喜欢教官们，最喜欢的偏

---

① 穆欣：《李林——侨乡的骄傲——记一位献身祖国的民族女英雄》，山西人民出版社《巾帼英雄——李林》1985 年 4 月第 1 版第 90 页。

偏是唐连长。教官们每当训练女兵就竖着脑门，犯起愁来。而他们印象中的李林却不一样，李林一是诚恳请教，谦虚学习；二是热爱军事，精神饱满；三是体格健壮，吃苦耐劳。军事教官们每看到李林的训练情景，就换了钦敬的面孔。

从北平来太原的路上，李林对国共合作抗战充满新奇，但不知道会怎样合作，没想到自己渴望的真刀真枪的军训生活，就这么快真的给了她。如此难得的学武机会，李林哪能白白放过？

从刚编到男女混合的12连时起，李林就保持与男学员相同的训练科目，天天出操，苦练射击、投弹，回来常是满身灰尘，脸晒得黑红。学射击越发上瘾，食指扣到扳机，她的眼睛就如冒火，前方的每一张靶、每一片树叶，都是她眼中的一个侵华日军。每场训练，她都自觉、自动地进入实战状态。夜间，清脆的枪声总要几次惊醒战友们的酣梦，那是李林在野外燃香为靶，夜打香头；白天，归来的队列里，李林的手里总握着一些树枝树叶，那是她对自己枪打树梢精准程度的统计。由于练习瞄准连续不停，李林的双肘磨破、结痂、淌血，再磨破、再结痂、再淌血。淌血时，她用黑布蒙上双眼拆枪装枪；结痂后，她在野外摸爬滚打……

屈健说，她（李林）这个人真是坚强，她从九一八时候就下了决心，中国没有武装不行，我一定搞武装。当时练50米的近距离作战，她把胳膊肘子磨烂了，衣服都磨烂了。我们练都要有一个实弹练习，我才打七八环，李林就打十环……①

军政训练班出来后，绝大部分女同志担任的是地方工作，就连老红

---

① 引自屈健口述：对央视"华人世界"栏目组（2011年12月13、14、15日播出）的讲述；2010年3月16日对本书作者的口述。

军刘亚雄也被安排到了地方组织。而如李林创建部队、带兵作战、担任军官、武艺精湛、威震晋绥的实属绝无仅有。

但在当时，有的学员对李林苦练军事，不以为然地私下嘀咕：一个女人家，练下十八般武艺又有何用？

李林觉得这关系到军政训练班的整体前途。她可不光自己喜欢军训就够了，她这个中共党支部书记是带有政治使命的，而她作为一个出过洋的女兵，也对这些中华为乡的五湖四海女友们牵挂不小。

夜晚，在熄灯前的短暂时间里，李林如果不出去自练射击，就要对各个寝室进行走访。

女兵们把困倦的身子往床头一歪，叽叽喳喳开始了议论。其中的中共党员或追求政治进步的学员们见到李林进来，认为有了知音，也有了靠山，纷纷倾诉起来："李林呀，你可是见过大世面的人，得给大家做主呀！"

"受什么委屈了？说呀。"李林笑问。女兵们说："唐连长他们那些教官们，为了我们俯卧姿势不合规程，厉声呵斥，那么无情，甚至用脚来踢我们的腿弯……是可忍，孰不可忍！"

有的直接上纲到政治上来："看看，国民党的作风就是坏。"

李林闻言，背抄双手走出屋外。太原的夜风吹来汾河的水声，她循声而去，漫步中，仿佛看到了家乡九龙江的帆影，又仿佛听到了黄浦江的涛声。从陈嘉庚到晏阳初，他们的救民教育思想从来是与革命联系在一起的，这些初心就像天上的星月一样明晰。可是眼前，她觉得这些可爱的女兵姐妹们，自己受的教育都这么偏差，怎么能指望她们日后到前线指导抗日军民呢？看来，祖国要想完全脱离"劣等民族""东亚病夫"的梦魇，

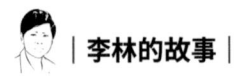

可还有一条漫漫长途啊。我怎么能向大家说明白呢？

抗日不只是一件向外的事，有一半是要向内的啊。她意识到眼前所遇，不是小事情。这一问题很严重，如果解决不好，干训班的军事训练就是白费，党的统一战线精神也要大打折扣。独立于汾河岸边的李林，回到了自己以往的豪情中来——刘少奇领导的中共北方局工作方式，是从对抗转为融合，这是李林在北平亲身经历了的；慰问国民革命军第二十九军的活动，也是李林亲身参加过的。李林本来就是坦荡豪迈的人，有了走进二十九军的北平历练，她就比别人更有担当，更有底气。她决定，向干训班特区党委进行一次汇报和建议。

要向上陈词，就需要进一步观察，做更深的了解和必要的归纳。当她对各男兵连调研了一番后，发现了更严重的情况：部分学员中出现了向军官寻衅的苗头。①

李林做了汇报，并且直言不讳地提出自己的意见："我们从全国各地来太原受训，是为了抗日，不是为了显示出自己政治正确就万事大吉；所以，有必要纠正学员们有刺激性的言论，切实办好军训大事。"特区党委根据李林的汇报，决定一方面建议牺盟会对军事教官进行工作，使之改进训练方式，另一方面通过党委动员大家克服怕苦怕累情绪，认真学习军事，准备上抗日前线开展游击战争。②

---

① 屈健：《归侨女英烈——回忆李林》，福建人民出版社《闽山鹭水共千秋——福建女英烈》1990 年 9 月第 1 版第 237 页。

② 同上。

山西牺牲救国同盟会入会誓词。（朔州市李林英雄文化研究会资料图）

一个条陈得到了上级重视和采纳，按说应该很得意吧？李林倒觉得，需要严肃认真对待的大事情，都回到了自己肩上。

关于救民救国的深远话题且搁下来，先解决当下的问题吧，她要通过自己的努力，让大家别耽搁了这难得的学军事机会。

"这条巷子叫什么名儿？"有一天晚餐结束回寝室途中，李林身边聚拢许多姐妹们，她停下脚步，指着巷子问她们。

"侠义巷呀……你怎么啦？"

"那么以前呢？"李林问。众人以为李林出身于福建南边，而对北方地名难免好奇，就有人跑到接待台问了老大妈，才知道此巷在过去因巷子窄而名为狭隘巷，三年前才雅化为今名。

"一条巷子都知道狭隘是不好的……我们今天可是国共合作的统一战线呀。我们是只能侠义，不能狭隘。你们说，对吗？"

一片信服的笑声。

李林趁热打铁，将苏俄小说《第四十一》里的马柳特迦、电影《夏伯

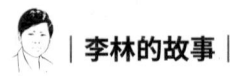

阳》里的阿娜等神枪手搬出来，特别强调："她们可都是女的。她们的经验说明，将来抗日上前线，谁的军事好，谁才能消灭敌人；谁的军事好，谁才会有自己的安全保障。"她像个大姐姐一样语重心长地启发着大家，郑重总结道："军事教官的训练方式其实是越严格越好。人家严厉，是为了我们好！"

从此，一个"要侠义，不要狭隘"的话题，从女兵连传到整个干训班。学员们说起来时会有人嘻嘻哈哈，说完了互相击掌，认真投入训练。

第三章

上学时，就是个好老师

1

上海的"校中校"，读书办学双收获

近80年来，人们提到李林在上海时期，主要讲两点：一是她在《读〈木兰辞〉有感》这篇作文里写出两句壮烈的名言；二是在中共上海地下党领导的一系列运动中，她总是担当先锋，冲在前面。

这些情况是李林的一个主流事迹，我们下章还要专门介绍。这里且说，事情绝不仅仅如此，还有第二个主流，更能代表她救民救国的初心。

我不是"者"

话说秀若的革命表现受到胡乔木、陈延庆等上海地下党的关注和重视，就委托方铭来介绍她和贾唯英①加入社联（社会科学者联盟）。这时候的社联，是中共在上海学界的外围组织，秀若和贾唯英已被中共组织列为发展对象。但秀若想象中的进步组织是带领人们面对面和侵略者斗争；而社联，顾名思义，不是一群理论界的饱学之士著书立说的所在吗？她说：自己作为一个中学生"伙入其间，可算什么"？

秀若是在海洋文明中熏陶出来的人，也是陈嘉庚传统文化教育出来的人。前者告诉她，是就是是，非就是非，没什么可藏着掖着的；

---

① 贾唯英（1915–1994），四川省合江县二里乡人，李林学友。抗战时期曾赴延安，被编入陕北公学五大队，1938年5月到山西，任隰县牺盟会宣传部长等职。1949年后，先后曾任川西暨成都市妇女工作团副团长、成都市妇联副主任、重庆日报副总编和顾问等职。离休后写出《侨女之光——记抗日女英雄李林》一书。

爱国女中校长与部分师生的合影。画中人物的身份和照片名称
表明李秀若在校的地位和影响力。（集美中学供图）

后者告诉她，再艰险、再漫长的事情，做知识分子的就是要担当，有什么
躲躲闪闪的？再说，秀若的性格本身就爽直，对于借这么一种名目做那样
一种事情，她尚未开窍。所以，秀若不识政治曲折，她拒绝加入社联，对
动员者说："我不是'者'。"

平民夜校传奇

不是"者"的秀若，却是一个教育者。她正在把目光和精力投注在平
民身上，这是秀若与其激进主旋律共存的另一主旋律。她用养母临终时留
给自己的读书经费开办了一所免费的晏阳初式平民夜校。

且说秀若和刘銮英从杭州走进大上海，耳朵里早已灌满了许多上海的
新鲜事物：中国第一家百货公司——先施公司，先施公司楼顶还有中国第
一霓虹灯及楼顶大钟；更有闻名遐迩的"大世界""法国公园"……这些

时尚的、文明的、代表着时代先进气息的事物，人人都想一睹为快。可是两个年轻的女生，却把脚步迈到租界里十六铺码头、苏州河沿岸，这些劳工聚集之地，去察看那些面黄肌瘦、破衣烂衫扛着沉重的大木箱直不起腰来的码头工人，察看那些不蔽风雨的贫民窟……在挤满棚屋的贫民区和高楼大厦之下灯红酒绿的富豪区的夹缝，电车汽车、行人脚夫、黄包车、小推车……在上海的繁华市井，携着情侣的阔人不时甩手躲避着路边乞讨者的手……

又是乞丐！

秀若和銮英轮番把一张张纸币放到黑兮兮的脏手里，心里五味杂陈，想着他们哪天能改变命运。

秀若还了解到，在日本纱厂，工人进出都要遭到搜身，一天做16个小时的活，一不留心，日本工头的棒子就照头打下来……同胞们受了日本兵的欺侮和奴役，他们呆滞的脸上却没有愤怒、没有忧伤、没有痛苦，相反，他们总是为偶然间到手的微小利益而欢欣……

生存无底线，懦弱人格也无底线。秀若的思考是：贫穷夺去了同胞们的文化权，也就夺走了他们的思考权……这，不正是我们被人说成"劣等民族"而遭受外国人欺侮的根源吗？

上海底层平民社会的实际生活状况，使秀若联想到她的集美校主陈嘉庚的思想：陈嘉庚认为如力之能及，当以竭力兴学，以尽国民天职，将教育的重要性上升到埋性认识，认为"国家之富强，全在于国民，国民之发展，全在于教育"。"夫教育为立国之本，兴学乃国民天职。"① 这些乞丐们

---

① 钟俊昆：《陈嘉庚教育思想对当前素质教育的启示》，《赣南师范大学学报》2016年第5期105页。

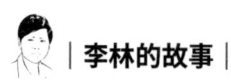

哪天能够找到一条正常的生路呢？何时能够懂得自爱呢？必须要我们这些后生晚辈都如校主一样去"尽国民天职，竭力兴学"，实行救民教育，培育一代新民，建造一个人人自尊自强的人文之国，才能不"劣等"。

可是，我一个中学生，从哪儿起步呢？怎么行动起来呢？

有一天，秀若与銮英走到一个带有坡度的转弯处，偶一回头，一个只穿着短裤、赤着背的车夫，拉着黄包车艰难地企图爬上小坡去，车上的一男一女两位阔人安之若素。秀若将手里的皮箱往銮英手中一递，替脚夫用力助推，黄包车爬上了坡头。车夫躬着身子向秀若称谢，秀若与銮英跟着车子继续走。

"大伯您有50多了吧？"秀若借机攀谈。

"才43。生路艰难，老得快，呵呵。"车夫悲哀地摇着头说。

"家里几个孩子？可都读书吗？"秀若关切到自己思索的问题。

"哪有读书的钱呀。前年有个晏阳初[①]平民学校在江湾那边办起来，是不要钱的，阿拉女恩（上海话，意为"我们女儿"）读过一个月……可是，路太远，孩子坐车坐不起，步行去了，课也就快要散了。读书的事，只得拉倒。"

晏阳初平民学校？李秀若听到这个带有人名的学校名，似乎看到了帮自己起步行动的贵人，他像灯塔一样照亮自己的前路。她正要再问些什么，车上的二位阔佬发出抗议："喂喂，阿拉雇你是赶路，还是扯闲篇？"

---

① 晏阳初（1890–1990），四川巴中县人，世界著名平民教育家和乡村改造奠基人。1943年，美国哥白尼逝世四百周年纪念委员会等倡议，由180位杰出教育家、科学家组成的委员会，推选晏阳初等10人为"现代世界具有革命性贡献伟人"，与杜威和爱因斯坦并列。1950年之后，晏阳初将平民教育事业推广到世界多国，被誉为"国际平民教育之父"。1987年，美国总统里根为其颁发"终止饥饿终身成就奖"，并祝贺他97岁诞辰。1985年，晏阳初回访祖国，曾抵四川。1990年3月病逝于美国纽约，享年百岁。

1935年（民国二十四年）秋季开学后，爱国女中的学生会进行干事竞选。学生会干事，这是个什么官？在那些纯派的上海小姐们看来，有那为众人忙乎的时间，还不如用在化妆上。而在秀若心里，却把它当作秋瑾入了同盟会。她认定，革命也好，抗日也罢，都要动员民众，而民众的素质当然是头等重要。救国先要救民；救民，不只是从侵略者枪口下解救出老百姓的性命来，更要紧的是对他们施行教育，救助他们的心灵。

李秀若（前右三）在上海爱国女中当选学生自治会干事后，即开办了晏阳初式平民夜校。（集美中学供图）

秀若和上海以外的各地侨生20多人参加竞选演讲。别人的演讲不是讲怎样"谨懔师道，尊师守序"，就是说如何"恪尽友道，关怀学友"；秀若爆了个大冷门——

……我提议我们学生会要把目光放到校园以外，放到上海，放在所有中国人，要让我们的每个同胞都不做东亚病夫！如今，国难当头，同胞

们既有参加抗日救亡的义务，也有学文化和掌握文化的权利。不觉醒的民众，怎么会培养爱国情怀呢？觉醒了的民众才知道什么是民族气节，才将是抗日的力量，才配做国家的主人！

掌声响起一大片，竞选获得成功，秀若与贾唯英、方铭均当选为学生会干事。

这时候，秀若已经获得大多数同学的信任，已有很多人走在她的友党队列。利用学生自治会干事这一条件，秀若要干一番事业了——她点数着养母陈茶临终前留给她的读书经费，心里想着那些读不起书的平民子弟。不久，秀若就提出以学生自治会的名义组织一个平民夜校。秀若请中共地下党陈延庆任名义性的校长，自己做招生工作，还兼教员；又拉来黄俪偶、周桂芳做教员。

就这样，李秀若，一位中学生，竟然做了一个"校中校"的老师，甚至是实际的校长。

缘惊晏阳初

世界平民教育之父晏阳初。（朔州市李林英雄文化研究会资料图）

为了平民夜校，秀若和友党们走进了位于江湾的晏阳初平民教育学会（平教会）。

晏阳初是世界著名平民教育家和乡村改造奠基人。他童年在传教士开办的西式学堂接受教育，后毕业于美国耶鲁大学。他开启的中国乡村建设运动以"除文盲，作新民"为宗旨，以学校、家庭和社会三位一体的方式，通过研究实验、训练人才、表证推广的步骤，全面推行以文艺教育治愚启迪民智，以生计教育治贫改善民生，以卫生教育治弱保健民力，以公民教育治私弘扬民德的四大教育内容。①

晏阳初先生是从"国际权力斗争"的大视野形成平民教育思想的，这和秀若为荷兰学监的话而着急，不是同一个心思吗？

晏阳初对中国乡村的观点，集中在发展乡村人的潜力，而不是改造乡村的组织。在国际权力斗争中，文盲是令人绝望的不利因素，因为"盲人怎能与有正常视力的人竞争呢"？教育要超出识字范围，救治中国的愚昧、贫穷、体弱及缺乏公共精神四大病患……其含义是，国家的强盛、民主和经济进步，有赖于公众意识的转变。这一任务只有通过教育，并从社会的底层向上发展才能办到。②

先生在乡村改造运动中还凝结并贯彻了一套"极具创意的思想"：儒家的民本思想，基督教的《圣经》理念，科学的方法，民主的思想。③

秀若没想到，自己为了给穷人家的孩子创造一个读书的机会，却像是一下子走进了巨人出没的雄伟而光明的宫殿，发现了如此别有洞天的理想的世界，她的内心从此打开一条指向民众与民运的航向，心里充满的欢喜和了解到陈嘉庚时完全一样。

"有这样的引路人，我们的民众还能是东亚病夫吗？"秀若激动地对

---

① 唐献玲:《晏阳初平民教育思想研究》，中国优秀博硕士学位论文全文数据库（硕士）2006 年 12 月。

② ［美］费正清、费维恺:《剑桥中华民国史·下卷》，中国社会科学出版社 1994 年 1 月第 1 版第 353 页。

③ 韦政通:《晏阳初农村改造的思想》，中国人民大学出版社《中国近代思想家文库·晏阳初卷》2013 年 4 月第 1 版第 1 页。

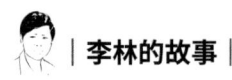

友党们说。她每次找到一个能否定"东亚病夫""劣等民族"的筹码，就激动一次。

秀若筹备平民夜校时，她的友党们多数赞同，也有人指出：上海这么大，中国这么广，我们能做多大点事？完全是杯水车薪。秀若却顽强地说："俗话说得好：人嘴是风，我们教育一个，可以传播十个，十个又可以转告一百个，影响可就大了；再说了，我们的做法也能成为示范，谁知道将来的上海会有多少大中学生也来办平民夜校呢？"

"你看晏阳初先生，现在全世界都有了影响，他老人家开初不也就是一点一点做起来的吗？"这句话一下点亮了所有友党的心，大家欢快地同她一起向校方交涉。秀若对总部主任讲了自己的想法，又强调说："办平民夜校，扩大教育，也是爱国女中的功德！"总部主任笑着反问："这么大的'功德'，倒让你们几个丫头片子抢了头功喽？你们可真是怪杰。"说罢，当即指定一所半闲置的平房会议室，交给秀若她们做了平民夜校的教室。

有了教室，秀若带上伙伴们曾三次到晏阳初平教会求教、求助。他们从这里了解了晏阳初先生和他的平教会的文艺、生计、卫生、公民"四大教育"主张及其做法，还有先生开展的广阔的乡村改造运动。

第一次得到了平教会免费提供的教材，获得关于办学方法和流程的指导。

第二次是在招生过程中遇到了困难。筹备期间商议到招生原则时，秀若提出：男女不限，年龄不限，专招穷人。秀若亲自书写、张贴招生启事，然后与好友们到工人棚户区动员招生。

可是，偏偏穷人的孩子动员难。

她们先走进徐家汇路一条小巷。巷口有一个算命小摊，一张略显肮脏的暗青色布帷上四个圆圈里写有"善观气色"四字，一位高颧骨老者正在给一位男子讲他的面相。秀若他们越过算命摊，走进巷口第一个小院。

远远望去，铺在屋顶的船帆布低垂在屋檐，破砖头堆起两道院墙，里面正屋两孔窗户被熏得黑乎乎的，依稀看出是有玻璃的。秀若和贾唯英掀开挡在院口的两片木板走进来，小院竟然住有两户人家。正屋一位妇女正好出院口倾倒泔水，听了来人的意思，手端泔水盆回复说："阿拉是纱厂做工的，纱厂，纱厂的！孩子饭都吃不饱，还读什么书啊！"说完，径直回屋，屋门在她们身后"嘭"的一声关上。

"我家毛妹要在家带毛弟，哪有时间读书！"西屋的女主人也是一位纱厂女工，人生得比较精干，她用感激的目光望了望来人，又把目光转移到屋里凌乱的物什上，口中喃喃道："我倒想读书，可是下班后还要烧饭，晚饭后还有许多家务事，完了，人都要累垮了，哪有心情去读书……"眼里那希望的火星瞬时熄灭了。

秀若和伙伴们离开时，返身回望，正屋窗玻璃上抹开一片明净处，一个小孩用很用力的眼神瞪着远去的客人。

巷子往里的一户人家，一个男人开门迎接了他们，他正是刚刚坐在算命摊的那位。他从手里的大茶缸中吞下一大口水，回了一句"命里穷，读书有嘛用"，就闭上眼睛，斜靠在竹床上了。

……

平教会同样遇到过此类困难，他们的经验是"翻身教育"：正因为你们很困难，所以更应该通过读书受教育寻到出路……秀若回校，根据几天来访问到的情况，依例把动员对象做了分类，然后从动员对象各自的实际情形出发，一人一法，一家一论，一生一讲，讲他们能听得懂、听得进的

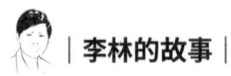
"出路指南"。第一期，终于招到 36 名学生，平民夜校办成了。

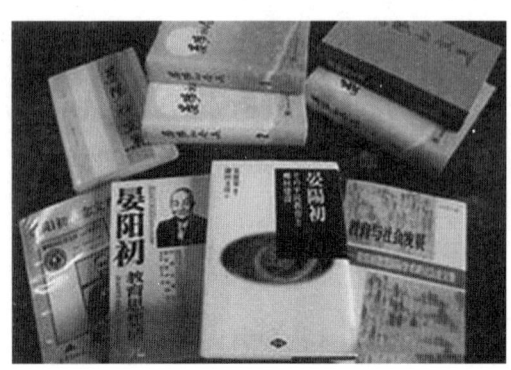

李秀若办的平民夜校得到晏阳初平教会的教材支持。图中为关于晏阳初的资料。（朔州市李林英雄文化研究会资料图）

秀若第三次走进平教会，是夜校办成以后的报告，也是表达感恩。平教会热情支持，根据她们的学生状况，又免费提供了 16 种教材。还有的学生实在无法来校读书，秀若按照平教会的指点，带着其中一些教材上门送学。穿着破烂的衣服的孩子们一拿到这些有趣的课本，就死死抓在手里，再也不松手，他们的家长没法，只得听凭秀若和伙伴们指导起来。

平民夜校的学员大多是纱厂女工和黄包车夫的子女。面对这些面黄肌瘦、衣着破烂的学员，秀若每上一次课就流一次泪。她对学员及其家庭情况进行调查登记，有的还要进行家访，帮学员家长排忧解难的事情她也做过很多。这样，秀若他们用平教会的引导办法，加上他们讲的是真情话，最终招来更多学生。夜校的学员不断增加，渐渐地他们的家长不仅解除了敌意和冷漠，而且与秀若建立了友好而熟稔的个人关系。

后来陆续增加的学员中，有一个名叫阿四的女孩垂着头介绍说："我以前到江湾那边的晏阳初平民学校读过。我爹爹是个拉黄包车的，他看见你们贴的启事，就对我说：'阿四你去吧，一者这次的夜校路程不远，二者爹见过爱国女中的人物，知道她们是好人。'"秀若想起她们遇到的那位黄包车夫，欣欣地回应女孩："小妹妹，现在路不远了，你可得天天来呀。有什么困难，你对我说，好吗？"

另一个重要的支持者是方铭，因为她的身后有"组织"，取得了组织的支持，社联的陈延庆担任了名义性的校长，同时代表党组织指示：你们办平民夜校要进行抗日教育，要宣传共产党的革命主张。

当一个十二三岁的男孩控诉说他家老爷爷在一二八战争中被日本炮弹炸死时，男孩哭起来，黄俪倜连忙安慰孩子说："小弟，哭莫用，我们学好了文化要抗日报仇，把东洋赤佬赶出去。"方铭借机喊起了口号"打倒日本帝国主义！"此后，平民夜校里，抗日的歌声和口号随时响起，这引起学校训育处的干涉："你们办夜校教文化是可以的，怎么喊起口号来了？"秀若说："日本人的大炮把学校的墙垣都差不多轰平了，我们喊喊抗日口号怎么了？"校方对李秀若一班人的行为最终采取了默认态度。

平民夜校坚持了将近一年时间，学员时多时少，学员总数约在50余人。若想找到反映李秀若平民夜校成就的具体、准确资料，是一件困难的事情。很少有人会把李秀若办平民夜校这样的事迹来挖掘一番。

我们的故事讲的是一介书生的平民夜校，实在是一段别有昭示意义的平民教育实验。

居港集美校友王钦贤[①]撰文研究陈嘉庚先生的办学思想，说陈嘉庚先生：十四岁那年，邑庠生（秀才）陈令闻主持陈氏家塾，改授《四书集注》……从学二年，课业大进……这几年私塾修业，不仅给陈嘉庚先生打下了文化基础，也影响了他一生的思想。该文指向"四书"里"泛爱

---

① 王钦贤（1942– ），生于印度尼西亚华侨之家。1960年回国就读国立华侨大家，1980年移居香港创业。现为中国侨联顾问、中国海外交流协会常务理事、中国侨商联合会常务副会长、香港侨爱基金会主席兼董事长、香港侨界社团联会永远名誉会长兼副会长、香港侨友社永远荣誉会长兼监事长、香港集美校友会永远荣誉主席兼监事长，香港金轮集团董事局主席、香港金轮天地控股有限公司董事局主席。

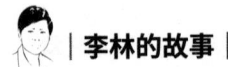

众"这一儒学思想核心——"仁",进而强调到"博施于民而能济众"的从"仁"到"圣"的精神。孔子为此情绪激动,陈嘉庚为此躬行以践,实践着仁爱之道,取得彪炳史册的光辉业绩,由凡人进而为新时代的伟人。①

循着王钦贤的思路,能理出一条"仁""圣"线路图:创学研道的孔孟—践仁成圣的陈嘉庚—救民救国的李秀若。

---

① 王钦贤:《践仁成圣:从凡人到伟人——纪念陈嘉庚先生逝世五十周年》,集美校友总会《集美校友》第 180 期头条。

2

晋绥的"班外班"，文行武功两卓越

出上海，上北平，到山西。

一年以后，李林大南大北来到晋绥边区抗日前线，大多数时间身任文武二职。为了叙述一个统一的题意，我们把她来到晋绥英勇壮烈的抗战事迹放一放，这里先选介她如同在上海办平民夜校一样，给一批又一批干部做老师，给各种各样的人施行教育的文教功绩。

疆场与讲堂

李林参加了晋绥抗战，也就是如愿以偿到了前线。但因为她是个女的，还是个文学女生，又是个女归侨，所以，组织上给她安排的工作是以培训干部为主责。

李林在晋绥共有两个"文工"时期：第一时期是 1937 年 9 月至 1938 年 2 月，第二时期是 1938 年 7 月至 1939 年 12 月。这两个时期，李林都是在出色地完成"文工"的前提下，

洪涛山下干训班，李林"上马疆场，下马讲堂"。（朔州市李林英雄文化研究会供图）

惊人地创造了"武业"。她的工作常态是：上马疆场，下马讲堂。

第一时期，李林以晋绥边宣传委员的职务，随队抵达晋北的偏关县，兼任县里的妇救会（妇女救国会）秘书。[①]晋绥组织初来偏关，解决人的问题是当务之急，最迫切的工作是办班培训抗日干部，这一任务就交给了李林。她夜里备课白天上课，每日连轴转。首期培训班在偏关文庙举办，开班之初，就有从邻近各县选送而来的学员34人。5个月的时间里，她为当地政府和组织适时配备了干部。

就在连轴转的"文工"中，她结合培训班的活动，成功地组建成了偏关游击队。因此，组织上安排她兼任了偏关县武装部长。人是文武双全的，职是文武双兼的。

第二时期，李林身任晋绥边区组织委员兼管地方军事，又是文武双兼。1938年7月26日，组织上把李林从部队调整回晋绥边地方工作，工作区域是西雁北的洪涛山区（在今山西省朔州市境内），主要任务还是解决第一难题——人的培训和配备。辖区十几个县上千个村，分布在晋绥辽阔区域内，而且经常敌情紧张；而晋绥边委只有7个人，边委需要紧急办培训班。李林和她点名调来的王尚志[②]等助手克服种种困难，于9月下旬在边委驻地前榆林村毕业了第一期干训班，李林负责管理——相当于校长。

干训班夜间行军转移，白天上课。为了缩小目标，避免损失，遇敌人"围剿"时，李林组织干训班化整为零，分散活动，进行自学；敌人退却后，再集中讲课。李林还承担"抗日背景与国内外形势"课程的主讲和军事课程的辅讲。教材是延安抗日军政大学的油印本，李林要结合现实详细备课，常常在麻油灯下编写讲课提纲到深夜。

---

① 秘书，时为组织内最高职务。

② 王尚志（1907-1966），平鲁县寺儿窑村（隶属于今朔州市平鲁区下面高乡）人，时为牺盟会特派员。1949年后曾任中共内蒙古乌兰察布盟盟委书记、中共山西省晋东南地委书记等职。

李林马不停蹄地运动在干训班的轨道上——一期刚刚结业，下一期紧接着开始，她主持干训班共举办了 4 期，向各县区输送了 260 多名干部，出色地完成各项任务。

而就在这一时期，她将边委管辖的政卫排扩建为政卫连，把这支队伍训练成一支神兵。关于她率领这支队伍作战的情况，后面还要专述。

篮球与口琴

在训练期间，除了军事训练，加强政治思想工作，还安排战士学文化，开展文娱活动……当时纸张缺乏，有时就用树枝、石块在沙地上写字。还建立了一个简单的篮球场，领着战士们打篮球。李林既是领队教练，又是运动员。教战士们唱歌，是她最喜欢的工作。她经常说："军营生活不能太枯燥，军营是要有歌声的，既调剂生活又鼓舞士气。"战士们很快就学会了不少抗日救亡歌曲，开会时，也像延安开会一样，啦啦队互相喊着这个，那个唱歌，还经常喊"李政委，来一个！"这时，李林就会深情地唱起她喜欢的"五月的鲜花"。她还自编自导与战士们一起演出过"誓死不做亡国奴"的活报剧。她还和战士们一起做游戏，如"击鼓传花"，"丢手帕"，这时李林就像孩子一样大叫大嚷，玩得高兴得很。①

在集美读书时期，具有男子素质的李秀若是学校篮球的"六星队"队员，经常代表学校外出参赛。在 1933 年为庆祝建校 20 周年而举行的全校运动会上，李秀若参与集美女中篮球队，获选作为福建省代表队出席了全国运动会。

体育，是李林平生之爱，也最终用在她革命与战斗的一生中。抗战烽

---

① 贾唯英：《侨女之光——记抗日女英雄李林》，重庆出版社 1993 年 12 月第 1 版第 137~138 页。

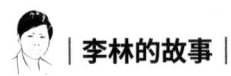

火中，在四面受敌围困的敌后抗日环境下主持干部训练班，她没忘记校主陈嘉庚的教育思想，抗日干部培训班办出了文化的"班外班"。

李林的背包上永远带有一只篮球，这让闭塞落后的塞外山区之人着实开了眼界。在洪涛山东麓的水头村，李林早已观察好了地利条件，派人采了坚韧的黄榆条，请老乡按编柳条筐的做法编成两只无底圆篮，绑在驻地后面一块打粮场两头的两棵树上，一个篮球场就成了。此后，在相对稳定的时段里，训练班里的篮球赛、歌咏赛、小型抗日新戏演唱会等活动时常举行。一时间，洪涛山下的塞外之地，俨然一个小集美。

秀若不仅有一副侠义的心肠，兴趣也很广泛……还十分喜欢音乐，爱唱歌，爱吹口琴，爱弹风琴。在校园时常可听到她以深厚的女中音唱着聂耳、吕骥创作的进步歌曲……她还会画油画，有时也背着画板，到乡间去写生。江南的乡间，风景很美，这使她流连忘返。她做文学家的梦虽已破灭，但文学仍然是她所喜欢的……①

远在秋林的民大学生有不少侨女及闽南女子，与李林保持联系。（朔州市李林英雄文化研究会供图）

李林父亲李瑞奇直到临去世的时候，还在嘱咐他的小儿子李永成："你当采购员，每到了北方，就想办法打听哪个大学里的女教授有叫李秀若的……她一定是教文学的。"瑞奇先生哪里知道，他可以做文学教授的爱女，早已变成一座矗立在塞上的骑马铜像。

---

① 贾唯英:《侨女之光——记抗日女英雄李林》，重庆出版社1993年12月第1版第36页。

子弹与"纸弹"

李林的抗战故事，是武中有文，文中有武。在讲述她威震晋绥的"子弹故事"之前，这里先交代一个"纸弹"故事——

1938 年（民国二十七年）秋，李林调到地方后，在第四次反"围剿"中，边委机关化整为零，分散活动。反"围剿"结束时，又集中行动，南返洪涛山下。途中，李林与文印员任平等四人进入平鲁县境北部的河堰沟村，以生意人的身份，住到一户偶尔做些小买卖的老乡家。晚上要通过敌人的封锁线继续南行，李林安排同志们抓紧时间休息，而她自己却盯着老乡家墙角的一堆麻纸发起呆来。李林提出要向老乡买这些麻纸，她说自己没带钱，脱下身上的白衬衣要交给老人。两位老人大概早看出他们不是真的生意人，微笑着拒绝白衬衣，但最后还是被李林说服了。

"阿计（任平，原名计功），快起来，准备蜡纸和油印机，咱们有重要工作要做呢！"李林拍着任平的肩膀说："今晚我们不能白白通过敌人的封锁线，要给他们赠送些礼品。"任平这才明白了李林买纸的目的，她总是说基本的人性没有疆界，总是能对任何人都施加"教育"，这时，她又要对敌人实施"教育"了。这或许就是海洋文明熏陶出来的华侨人文。

任平打开随身携带的油印机，李林已经编好了文字；任平就准备要过稿子来刻蜡纸，却见李林

开办干训班期间，李林和战友们在行军途中。（朔州市李林英雄文化研究会供图）

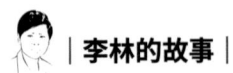

朝他挥挥手，她自己挽起袖子上手了。这倒让任平好奇起来，他一边打上油墨推动油墨滚子，一边扭头瞧首长——怪不得呢，原来她在刻日文！

关于李林会日文，她的弟弟李永成回忆说：姐姐很好学，经常手不释卷，即使上厕所也带书去看。她不仅学习成绩优异，同时还爱好文学、体育、画画、写生、音乐，并兼通英、日、俄三国语言。英语是在爪哇学校的课堂中学习的，日、俄语是她自修而成的。她学俄语的目的是为了阅读苏联书籍，她的日语也讲得很流利……姐姐对我要求很严，常常鼓励我多读书，并主动教我学英语、日语，但我没有学会。[1]

在偏关时期，李林建立了游击队，要深入学习军事，请人设法找《孙子兵法》。王零余帮忙联系到一个东北军副官，送给她一册。这是他们在东北时期得到的一本日文版的，封面上在日文书名之下，有"古文孙子"四个小小的正楷汉字，而书中文字却全是日文。

现在，李林刻完了日文蜡纸，任平端详半天，不明所以，李林给伙伴们翻译出来——

日本的士兵兄弟们，你们远离祖国家乡，为日本军阀卖命打仗，可是你们的父老姐妹却在国内受剥削、受压迫，挣扎在死亡线上。弟兄们，你们枪口下的中国老乡也和你们一样，请你们想一想……[2]

夜幕下，一行人直奔日军修筑公路的工地而来。李林沉着镇定地指挥大家隐蔽好，她只身一人从路外坡下搬来土块、石头，把传单分堆压在路边。任平惊奇地发现，李林变戏法似的，从怀中取出一把乡村儿童射鸟的"弹弓"。李林给伙伴们翻译过自己的日文作品后，跑到院子里和小孩们玩

① 李永成：《回忆李林姐姐》，漳州市 1990 年 4 月 26 日版《纪念李林烈士特刊》第 33 页。

② 贾唯英：《侨女之光——记抗日女英雄李林》，重庆出版社 1993 年 12 月第 1 版第 150 页。

去了——原来，她从孩子们手里征用到了武器。

只见她独自一人用弹弓将一小捆一小捆的传单分别射向敌人容易发现之处。直到敌人的火光照射到传单时，李林一挥手，一行人消失于南去的山中。

李林在晋绥抗战的艰难岁月里办报的故事，更是让晋绥地区的伙伴们想不到。

日军占领晋绥主要城镇后，《蒙疆日报》《日中亲善》《王道乐土》等宣传侵略文化的报纸就都出笼了。中共方面，晋绥边委办起了《洪涛报》，一二〇师雁北独立六支队办起了《挺进报》。李林提出，我们牺盟会晋绥边区也要办一张报纸。李林给大家讲述了秋瑾创办《现代女报》的故事，郑重强调："革命，是面对全社会的一场综合事业。对敌人来说，挫其气大于胜其兵。对我们自己的群众来说，我们的事业不能仅仅接收些当兵吃粮的人，要培养大众的理想，要激发大众的激情。所以，对敌斗争，'纸弹'更胜于子弹。"

李林的同学王一芒和林希智回忆起李秀若集美时期的日记故事：在一般同学中，日记属于个人隐私，或锁或藏，他人不得一观。而秀若的日记有四条与众不同。一是敢议论，多针砭，就所见所闻，她都记入日记，发表看法；二是记得勤，写得多，别人梳妆打扮的时间，她都用来写日记，每天必有一篇，每篇都两三页不止；三是多写他人，少记自己，尤其是对那些贫困同学，一字字·行行饱含同情；四是不锁不藏，完全公开。[1]

有一次，秀若回到宿舍，恰遇大家争阅她的日记。大家都在嚷嚷着议

---

[1]　参见陈水扬《雁北之行拾零》，载《集美校友》总第23、第24期合刊,1985年"李林烈士牺牲45周年纪念专页"。

论秀若日记写了谁、记了什么，一回头发现日记主人早已静静地站在她们身后，就有些尴尬；秀若却平静而大方地向大家一摊手，说："我记得对，你们就接受；有不合事实之处，欢迎你们提出来。"

李秀若的笔筒。（李舟玲供图）

这样一来，大家倒有些仰赖她的日记，都希望她把自己的好事记上一笔。久而久之，秀若的公开日记成为舍友们离不开的生活，成为一份针砭时弊、记录思考的"报纸"，它潜移默化地使大家增进团结，修正着各自的缺点。

太原受训期间，每每从野外回城，太原人就围观女兵。李林发现沿街店铺买卖家的老板与伙计也都涌出店门围观，她认为这是一个教育经商者的机会，不能放过的。她到太原以来学到一首歌，这时唱起来，不是正合适吗？她不失时机地领唱起来——

走私货，真便宜。

小市民，贪小利。

可是我问你，

买来一斤糖，省得几分几？

要知敌人拿了你的钱，

马上变成他的枪弹子。

一颗颗，将来都要打在你的心坎里。

走私货，真便宜。

奸商人，图小利。

可是我问你，

贩来一匹布，赚得几分几？

要知敌人拿了你的钱，

马上变成他的大飞机。

一只只，一只只，运来炸弹炸死你。[①]

此刻，李林对大家强调办报的意义，大家笑起来。她看出大家还有浓重的疑虑——条件本就非常艰苦，加之敌人的封锁，平时用的办公纸张都很难搞到，还能办报？

李林取出口琴吹起来，是贺绿汀先生于一年前所作《游击队歌》，伙伴们听着，在琴声中会心地接唱："没有纸，没有墨，向那敌占区去要！"思想通了，出路也打通了。

手里存着有一些缴获敌人的伪币、鸦片烟土等东西，出战打击敌伪时，带上这些东西，通过敌占区地方绅士和资本家等关系与渠道，换来了许多纸、笔、墨。

手里有组织上的一份汉奸商铺名单，到这时，大家从这个名单里看见

---

① 张梅华：《军政训练班女生连的回忆》，政协山西省委员会《山西文史资料》第15辑第199页。

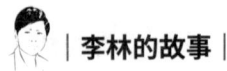

藏满了印刷材料、文房四宝。上他们的门，没收他们的东西，少不了还要对他们警示教育一番。

……

另一个困难是编撰。李林亲自选拔文化水平较高的孟允中、甘致理等人负责采编、刻印。

这是李林刚进入晋绥边委工作时的故事。她一边领导干训班，开展晋绥边各项宣传工作，一边积极筹办，在边委所在地沈庄窝村的窑洞里出版了《战斗生活报》。除了在根据地发行，《战斗生活报》还经常作为"纸弹"，投射到敌占区。

第四章

改名北上，旗卷古都

1
一百零五分

怪杰来沪

1935 年（民国二十四年）2 月，樱花盛开、仕女如云的上海爱国女中校园操场，流行歌曲《情人的眼泪》正在一簇上海小姐口中飘出，歌声中透着娇气和矫情——

为什么要对你掉眼泪？

你难道不明白是为了爱！

只有那有情人眼泪最珍贵，

一颗颗眼泪都是爱，都是爱……

迎面一阵风走来三五人，打头的一位高声喊道："天呀，这是什么声音……"一边昂首阔步走近人群，一边就摸出口琴吹起了《大路歌》，相随的伙伴应声唱起来——

哼呀咳嗬咳！（嗬咳哼）

大家一齐流血汗！（嗬嗬咳）

为了活命，

哪管日晒筋骨酸！（嗬咳哼）

合力拉绳莫偷懒，（嗬嗬咳）

团结一心，

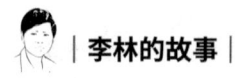
不怕铁滚重如山。（嗬咳哼）

大家努力，一齐向前！

……

上海小姐们用异样的目光打量着当头这位，黑不溜秋一张麻脸，头发不但不烫，还剪成男式短发，留个中分头；身穿一种不男不女的直筒式长袍，脚蹬一双男式方头皮鞋。众人先是叽叽喳喳低声讥笑，看见来者并未气馁，爱国女中的世界被捅开了窟窿。她们接着就用手捂起耳朵，斥骂起来："哪来的怪物——这里是女中、女中！"

学校训育主任闻声走来，小姐们一见有了靠山，一起喊：

"抗议！取缔怪物！"

"要求宋主任取缔怪物！"

姓宋的训育主任问"怪物"在哪里？上海小姐们从耳朵上腾出一只手来指着来人。宋主任回身默默观察一刻，对当头一位问道："你就是刚从杭州转来的李秀若吧？"

"我是李秀若！"秀若回答得大方坦然，一派我行我素的气概。宋主任指着她和身后的刘銮英，笑着对大家介绍说："这二位同学是从杭州女中转来的，还是侨生，大家关照一些。"

秀若带着另类风格闯入爱国女中，上海小姐们对她或讥笑皱眉，或转身侧目，或厌恶，或惊诧，或毁谤，一时竟然成为全校现象。一段时间里，"怪物"二字也就成了秀若的第二个名字。

上海小姐们没有等到学校"取缔怪物"，暗地里又在期待："看她经不住大家的讥嘲，自己改变了，我们怎样奚落她。"上海小姐们哪里知道，从美丽西湖畔走来的李秀若，其实是从一坟一庙走来。站在她们面前的李秀若，其实是一片繁花之中的一棵枝柯凌厉的大树。她以其独特的坚毅，已经具有了成熟的气质、定型的风格。

秀若的"怪物"符号，自那次篮球赛之后，消失了。

激烈的球场上，在秀若对手队里，一个女生舍不得脱下自己美丽的筒式裙子，在投篮成功的那一刻摔倒在地，崴了脚，疼得冒汗，站不起来。众女生叽叽喳喳围了一圈，却一时无计可施。对手李秀若喊一声冲入人圈。她为了打篮球方便，已经脱下直筒长袍，穿上短衫与长裤，只见她将伤者的上半身扶起，身子一蹲就将她背起来，一阵风送到校医室。众人把这一幕尽收眼底，也清楚看见，被救者正是要求"取缔怪物"最强烈者之一。

"怪物"没有按照众人的期待而改变，却反过来改变着众人。从此，站在秀若对面的人群渐渐朝她分化而来，所有人都注意到这位苹果圆脸、肌肉结实而黝黑的强悍派头女生。秀若遇到事情，总是顾及众人，加上她仗义疏财的性格，这就渐渐

李秀若与同学们在上海爱国女中。
（集美中学供图）

转化成了威信，那些正派且出身低的外省同学则把她当作靠山。有人说，李秀若算不得漂亮，却迷人。这话一指她满脸的麻子坑，二指她坦荡大气的作风。一个以李秀若为中心的新圈子形成。在这个圈子里，不分地域，不问身份，也不计较是否是侨友、是否闽籍，一派大江大海。从此，秀若

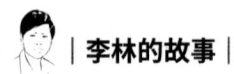

在上海小姐们中的名号悄然改变："李秀若是怪杰！"

秀若成了一个圈子的核心，但她的个性很反对拉拉扯扯，在她的内心，大家都是一样的姐妹关系。她这样的"圈子"，对整个爱国女中发生着风气与人文生态的调整——《毛毛雨》《桃花江》之类被秀若斥为"软绵绵"的歌曲少了，凡有秀若在场，总能听到聂耳、吕骥的《大路歌》《新女性》，以及郭沫若剧作《屈原》的插曲《湘累》等。

除了与她相伴而来的集美闺蜜、菲律宾归侨刘銮英，秀若在爱国女中新增了许多好友，其中最密切的是贾唯英。

贾唯英与秀若相遇在学校图书馆楼下的樱花园。那是3月下旬的一天，秀若转来不久，前来图书馆借新还旧，贾唯英看到，她手中一本本都是鲁迅、屠格涅夫等作家的作品。在当时，这些著作明显打着与当局相抵触的烙印，而在激进青年中，则是"进步"符号。

樱花一瓣瓣地落在两个女生身上。贾唯英右手压着左手，抬一抬头，鼓起勇气说："李秀若同学，我和你是一个班的……"

秀若一听，急着眼问："既如此，你为什么不早和我说话？"

"我来自四川合江县的乡下，一身土气。再加上老式家庭对我的威逼……看见你一个洋气的侨生，大摇大摆不屑他顾的样子——我不敢和你讲话啊……"贾唯英的口气和形色很自卑。秀若看出，在这所由上海本地人和南方各省侨生为主的校园里，贾唯英的处境和心境是值得同情的。一股义勇涌在秀若的胸中，她急得举起拳头直捣自己的胸脯，骂自己混蛋。然后，她要唯英说出家庭如何威逼。贾唯英说，家里认为女孩子读书不读书是一样的，要将她早些嫁出去，不仅省了读书费用，还能得一笔嫁妆。她在哥哥贾鼎勋的帮助下跑到上海来读了书，但父母声言说迟早找到她，要将她拉回家去嫁人。

"我支持你逃离家庭，支持你出来读书！家里若来找你的麻烦，有我保护你。不论有什么困难，你只管朝我说。"秀若举起一只有力的拳头。她对唯英说："我是你的大姐姐，也就是你的保护神，有谁敢欺负你，我和他拼了！"

唯英抱起秀若的一条手臂，把自己的头贴上去，流出泪来。

话题又从个人事情转入学校的情形，秀若倾诉自己的衷肠："我'怪物'也好，'大摇大摆'也罢，都是冲着那些'上海小姐'。我从南洋回国到了集美的时候，校主陈嘉庚先生已经组织了集美抗日救国会，还组成抗日义勇队，我们还宣了誓。校主的'诚毅'二字，是多么合我们的心意呀……可是这里呢？……我真想让她们都听听荷兰学监的话：我们的国家'已经一败涂地了'，我们是'劣等民族'……你说气人不气人？你说急人不急人？"

唯英把秀若的手臂更紧地抱在怀里，频频点头。从此，她们手挽手，肩并肩，一起学习，一同活动，一道远行，成了莫逆之交。我和李林同志同学一年半，同寝室半年，同教室也是一年半，我们不是一般的同志关系，是好朋友加战友。[①]40多年后，贾唯英对公众如是说。

秀若的性格慷慨好义，真诚无忌并且豪爽大方。尽管自己的生活方式保持着从母亲陈茶那里习染来的节俭一派，而对于贫寒的同学常常慷慨解囊。有一次，她偶然间得悉贾唯英拖欠着学校合作社5元钱，立刻代她清还，还怪她不早说。除了充当了贾唯英的大姐，秀若还经常请出身南京贫

---

① 贾唯英：《回忆李林学友》，《龙海文史资料》第11辑第37页，1990年7月。

民家庭的高慧芳、高原、缅甸侨生林希智到饭馆吃三客饭两客菜的包饭。

诗谶两行

爱国女中也有规模宏大的图书馆，而这里的图书有更多共产国际新型读物，秀若在这里阅读了大量书箱，形成"传统文化加革命文化"的再奠基，她的目光也越来越深沉。她开始了对社会的观察——

我终于对人生有了了解，我对于社会有了更深刻的认识，我觉得作一个文学家还不是可以满足的，我还需要充实的理论。于是，上海四马路的杂志公司是我每礼拜要去的场所，《读书生活》《世界知识》《大众生活》《妇女生活》等，成了我很好的朋友，我开始确定了我应该走的方向。[①]

秀若的禀赋里增添了更深的革命情结，一切便都发生着激进的倾向。走出学校大门，大上海的日本驻军，[②]在她眼中十分刺目。有一天，秀若和几个同学路过市政府大门口，忽然停下脚步，朝站岗士兵直瞪两眼。士兵发现这位女生有些异常，伸出手掌做向外推状，请她们"走开"。

"我们会走开的……"秀若点点头，抬手指向正在高声操演的虹口区日本兵营方向，用很慢的语气说："你们是当兵的，你们能不能让他们也走开？你们只看守着一个小小楼门，而看守不了祖国的大门，你们这兵，当之何用？"

在上海看到日军，如同又看见印尼土地上的荷兰人，这就把她的志气全部调动出来了。不久之后，秀若写出一篇著名作文。

那堂作文课的前一节，是美术课。同学们的绘画本刚刚展开，一阵

① 李林：《致中央妇委的信》，山西人民出版社《巾帼英雄——李林》1985年4月第1版第9页。
② 清末民初，日本与其他诸国在上海均有租界，日本驻军以保卫租界为名千方百计地扩大。

日军演习的枪炮声炸响在校园附近，教室墙皮震落一片，许多同学抱头惊叫。炮声过后，所有同学都怔在座位上，全没了作画之兴。秀若看见老师呆在讲台一角，像印尼中华学校里遭遇了荷兰学监的方寅老师一样脸色灰白，她环顾教室，怒从心起，将画笔一掷，霍然而起："这还成什么国家！"

作文课布置下来，秀若展纸凝眉。一些近来的见闻闪现在眼前：报章上的"塘沽协定""何梅协定""冀东防共自治"、大上海的日军猖狂演习……现实见闻与她的知识发生对接，她感到国家变成了一块绵软的蛋糕，正在被乱刀宰割……刚刚观赏过的电影《夏伯阳》；[1] 岳武穆誓死抗金，郑成功渡海收台；革命家秋瑾赛过须眉，花木兰名扬古今……民族情感的聚积与文学积累的联想相撞击，在这一瞬间发生了火花四射的爆发——秀若一挥而就，写下了作文《读〈木兰辞〉有感》。她由花木兰推想到自己，由古代联想到当前，表达自己总有一天要参加抗日的决心，激情所至，不乏决绝壮烈的英雄之气，凝结有绝句一首——

木兰替父赴战场，红妆挥戈胜儿郎。

卫国何须分男女，誓以我血荐炎黄。[2]

国文老师李天行阅卷后深受震撼，击节赞赏，破例给分 105 分！秀若见了批回的作文，激动之余又补两句诗——

甘愿征战血染衣，不平倭寇誓不休！[3]

---

① 苏联影片。以"十月革命"胜利后，新生的苏维埃政权解决国内外势力严重冲击的内战为背景，塑造出夏伯阳这一具有传奇色彩的英雄人物。影片中还有一位非常引人注目的女机枪手的英雄形象。

② 冷燕虎、欧阳惠：《赤子热血——环球华侨抗日行动》，解放军文艺出版社 1995 年 7 月第 1 版第 131~132 页。

③ 樊云芳、周浙平：《民族英雄李林》，山西人民出版社 1979 年 8 月第 1 版第 14 页。

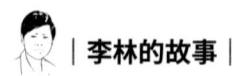

这就是流传至今的李林名句。后来，她果如自己诗句描述的那样壮烈牺牲了。前有谶言，后有应验。很不幸，也很光荣。

写罢作文，秀若又专门跑到四马路书店买了一本德米特里·富尔曼诺夫原著的《夏伯阳》翻译小说。[1] 她后来的业绩与风格，可以多处看到《夏伯阳》主人公夏伯阳和那位女机枪手阿娜的影子。

爱国女中的教室，已经是李秀若"平倭寇"的前战场。

从这篇作文开始，在不自觉中，秀若被中国共产党的政治力量发现、引导。

1935年（民国二十四年）12月9日，北平爆发了震动全国的一二九学生运动，上海大中学生的声援行动也在酝酿。这时，秀若被选入本校学生自治会，投身学生运动的工作。动员侨生及上海以外各省籍同学的工作是最重要的，秀若主动承担起来，并出色地完成了。学生会上研究具体的行动方案，主席施志君慢条斯理地发言说："我校的行动，还是先看看再说。"秀若用目光扫了一眼众人，看到时机已经成熟，就慷慨发言："向政府请愿，就是向日军示威。我提议，立刻动员全校同学像北平同学一样请愿示威！"秀若的提议激起群情，施志君再没作声。

20日，是上海中学生相约向市政府请愿的日子。凌晨，爱国女中的学生涌在校门口，学校大门还不到开门时间，众人焦躁起来。

"跟我来！"秀若高叫一声，奔向铁栅栏，第一个翻栏而过，后面的学生就全部跟随她翻出了校园外。

这一声喊，完全如同她最后一战那一声："骑兵们，跟我来！"

---

① 又译《恰巴耶夫》。

全上海大中学生数千人黑压压地集中在江湾的市政府门前，教育局长潘公展出面会见请愿学生，他代表市长吴铁城表态说"绝对保护上海爱国学生运动和言论集会的自由"，并接了请愿书。接着，各校的汽车纷纷送来面包等食品。

潘公展说："同学们的要求，本人负责转达。同学们辛苦了！受饿，受冷，本人实在很同情……"接着，他又试图澄清一个概念："但是同学们要注意，'剿匪'并非'内战'……"[1]话还没说完人们不答应了，纷纷呼叫，请潘局长讲清楚：谁是匪？怎么剿？人群喧喧嚷嚷地沸腾起来，无论潘公展怎么解释都没用了，直接促成了24日的大游行。

24日清早，上海最繁华的南京路上，大陆商场周边，有三个女生背着鼓鼓囊囊的书包，相伴而来。她们像悠闲的购物者一样到各个商店东进西出。9时整，大陆商场楼顶三声炮响，三个女生飞奔而出。大街上的人群骤然增多，从九江路、山东路、山西路等方向聚集而来，黑压压的阵势形成了，三个女生像龙头一样把人群引导成三条巨龙，一场大规模示威游行开始了。

三个龙头女生便是李秀若和好友贾唯英、刘銮英。她们的书包里装满了传单。她们一路行来，不停地喊着口号，手中不停地在书包中抽取传单，满大街天女散花。中午时分，游行队伍行进到外白渡桥，与官方警队遭遇。一队卷着帽圈的印度巡捕挥着大棒呼啸而来，随后是黑压压的政府军警。游行队伍的指挥者商议说：印度一向以尊重妇女著称，把女生们组织到队前来。秀若一听，立刻拉了几位女友挤到前面。紧急中，秀若的一只鞋被挤落到滔滔黄浦江之中。面对排头的女生，印度警察手中的大棒并

---

① 贾唯英：《侨女之光——读抗日女英雄李林》，重庆出版社1993年12月第1版第64页。

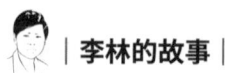
未停下来，秀若赤着一只脚展开针对印度警察的现场演说，印度警察受到影响的一刹那，队伍趁势冲出包围圈。

寒冬上海，奔跑在最前面的，是赤脚李秀若。

李秀若从集美始，就是一位健壮而热衷体育的队员。上海一日两队照片中都有她，可见她的英武强壮。（集美中学供图）

结识胡乔木

在那风云动荡的多变年月，一个人，甚至一个时代、一个国家的状态与命运，往往决定于某一个特定的推力。往往，这个推力是由一个特定的时间、具体的地点和一个具体的人组成。李秀若在上海时期，就是这样，她遇到的推力有一定的必然性，也不免有些奇异的偶然性。

那时候，上海已是全国的经济、文化中心。中共中央自从1933年从上海转移到江西之后，上海地下党只有文委（文化工作委员会）系统还保留得较为完整。文委下面活动着各个中共外围组织：社联、左联、教联、学联。在各个"联"里，分别隐藏着中共的一个支部。其中，联系着李秀若的，是社联里领导了沪上学生运动的四位中共成员：陈处泰、李凡夫、胡乔木、陈延庆。在他们与秀若之间，有一位方铭（原名胡文新），她是秀若的同学兼好友，又是胡乔木的胞妹。

通过方铭，秀若与贾唯英等进步学生从《八一宣言》开始，读过12本一套的《青年自学丛书》，读过倍倍尔的《妇人与社会》，进步思想持续影响。从此，集美出身的女生李秀若带着自己的理想，带着自己的历练，在洪流般的上海，朝着激进的方向一路前行，把救民教育的梦想藏在心底，时不时地，她在努力地辨识着前路的风云。

1936年（民国二十五年）2月，拒绝加入"社联"的李秀若，又被吸收加入了中共组织改建的上海抗青团（抗日救国青年团），她参加了当年春连续多场活动，以小女子一个，一时名满上海。

先是3月的三八国际妇女节。据贾唯英的记述，秀若等一班好友听闻有纪念大会举行，兴冲冲前往参加，却见会议主席刘王立明①主持的议程并无抗日救国内容的安排，主题演讲是美国节育专家山额夫人（又译桑格夫人）的节育问题。秀若就带头冲击，将山额夫人等赶下台去，拥戴史良等人带头上街游行。②

另一记录是：庆祝三八节纪念大会由中华妇女运动同盟会、中华妇女节制协会、上海女青年会、中华妇女社、中国妇女会、上海妇女救国会、蜜蜂社七团体主办，自3月5日始筹备，会址选在四川路青年会，时间是8日下午2时，参加人1000余人。王璨芝、何香凝、王孝英、史良、刘王立明、雷赛夫人等女界名人相继发表演说。会后，整队游行，并分10组出发到各乡镇向农村妇女进行宣传。至于山额夫人的演讲，有另条记载：2月25日／收到桑格致电／美国节制生育专家桑格致电刘王立明、周钟慧卿，因尚须在港演讲，临时更改行期，定于28日（星期五）到沪，3月1日（星期日）在四川路青年会做公开演讲，题为《节制生育》。③

两个记述中可以分析到的基本事实是：一，秀若等好友参加了这场活动；二，以史良、沈兹九、杜君慧等为主角冲击大会使之演变为游行的行为中，秀若等好友也有参与，并行动积极。

又是五一，又是五四，还有五卅纪念日——"红五月"里，集会游行

① 刘王立明（1897–1970），女，安徽省太湖县人，伟大的爱国者，杰出的中国妇女运动领袖，慈善家，教养家，社会活动家，作家，演说家。1949年前，曾任中华妇女节制协会总干事、会长，世界妇女节制会远东区干事、副主席，国民参政员等。1949年后，曾任全国政协第一届全体会议代表，第二、第三、第四届委员（第二届常委），全国妇联第一、第二届常委，政务院政法委员会委员，民盟中央委员，中华妇女节制协会会长，世界妇女节制会副主席（据陈琳主编《刘王立明年谱》，安徽大学出版社2018年6月第1版第1页）。

② 贾唯英：《侨女之光——读抗日女英雄李林》，重庆出版社1993年12月第1版第73~75页。

③ 本段据陈琳主编：《刘王立明年谱》，安徽大学出版社2018年6月第1版第146页（转引自《申报》1936年2月25日、3月6~9日报道）。

一场又一场，革命热潮一波又一波，当局的防范与打击也加剧了，学生被捕或被打伤的事件时有发生。而秀若是每"场"的主角。后来，为了保存力量，中共组织将对抗式斗争调整为抗日主题的话剧、歌唱、壁报、春游之类活动，秀若同样是最活跃者。

上海的武，上海的文，正是李林日后抗战生涯文武双角的预演。

轰动上海的一场浩大活动，是上海学联组织的全市大中学生暑期环县区抗日宣传团宣传活动。秀若是宣传团的骨干人物，她像月亮一样从爱国女中校园，升起在全沪上空。

宣传团带着自己的戏剧演出队沿沪杭铁路线南下，到松江县开展活动。抗日戏剧演出之前，队员们四处张贴当晚的戏剧海报，秀若在一家贴了海报的商铺前带头演讲，产生了轰动，使得晚上的剧场坐满了人。

但当局看到海报，认为"有碍邦交"，下令禁止演出。经过斗争，宣传团又争取到只演出一个节目。但当县长亲自到场后，连一个节目也不准演，下令将宣传团人员全部押送回上海。争持不下之际，警察朝天开了一枪，群众的呼声停止了，宣传团陷入劣势。

这时，秀若挣脱警察，倏然登台，演讲说——

老乡们！同胞们！政府对外因循迁就，对内打压说谎，他们的本质是反动的！他们的行动告诉我们，他们不是我们信赖的政府，他们是一种权贵统治者！统治者的利益与人民的利益是相反的，人民群众不能相信统治者那一套！人民群众只有团结起来走抗日的道路才是自己的出路！

秀若的演讲是这么独特，与以往的宣传套路相比，有很大突破，群众产生了强烈共鸣，又一次高潮推动起来，当局陷入被动。留在现场的县长助理十分恐慌地指派军警特务赶紧控制李秀若。秀若被多名警察武力押回学校。

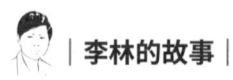

回校第三天，校园公告栏贴出校方的一则告示。不一样的是，这回的告示还专送李秀若与贾唯英各一份——

部　示

奉上谕，查本校近情，学生受外界匪类所蛊，赤化言行日形滋蔓。本部为全体生员教学计，决难姑息异志。着通谕全体，务当自洁自省。据查核，以李秀若、贾唯英诸君，其尤当殊痛深责。兹后曷计，惟保人佑己是祷。

本校训育部/（月日）

李贾二人这是要被开除了吧？胡乔木等中共人士既要为她们负责，又舍不得她们离开上海，就托人表示要介绍她们加入共青团，予以政治方式的慰勉和支持，并建议她们转校而不离沪，由组织上安排转学。

1989年11月，胡乔木与其妹方铭（胡文新）重回上海。（集美中学供图）

胡乔木对李秀若印象至深，关注了几十年，正是从上海开始的。中共中央离开上海后，胡乔木是中共在上海的地下领导者之一；中华人民共和国成立后，他被誉为“中共中央一支笔”，领导全国意识形态领域的工作。1985年5月18日和1986年9月10日，他为李林的宣传曾两次致信文化部长与国家广电总局局长。第二封信之后三年的11月，胡乔木引《楚辞》与《史记》原句为李林题词，那慷慨悲歌的深沉气概，真是把李林当作国士崇敬。

2
一年三级跳

1936 年 7 月至 1937 年 7 月，一年时间，侨女李秀若，抗日三级跳——在地域上，横跨中国南北三大都会；在组织上，加入中共又投身牺盟会；在事业上，由一个激进青年到一位能够执行中共政策的抗日前线军政干员。

我的刚强我做主

正走在激进路上的李秀若和贾唯英，却没有接受"组织"上的关怀，她们在做另一番打算。因为，秀若出了一件足以扭转她的命运的"小事"。

"小事"不小，把秀若推上了北上之路。

1935 年（民国二十四年）3 月 13 日，秀若母亲陈茶逝世。陈茶临终前将房产遗留给了儿子李永成，将手头的现金和积存下来的名贵首饰等物给了秀若。李永成回忆到姐姐在母丧之后离家时说：随身带去 1200 元光洋和约 1 斤重的黄金首饰。秀若的堂嫂吴燕曾提醒说：你不给弟弟永成留点？秀若回答说："弟弟还小不会用，我在外面做事不多带点不行。"[①]秀若在上海开办晏阳初式平民夜校，就是从这笔钱里开支。

除了母亲这笔遗赠，秀若别无经济来源，可她生就一副豪爽性子，对人总是慷慨大方，不仅持续周济贾唯英等同学，对服务人员也很大度。人

---

① 李永成：《回忆李林姐姐》，漳州市 1990 年 4 月 26 日版《纪念李林烈士特刊》第 34 页。

们普遍敬重她，却也容易被人钻空子。因为秀若的大度，公寓的服务女工就对秀若所在的宿舍特别殷勤，主动给她们洗衣服、打开水、代理购物；秀若也就对她更加慷慨，时常代表室友答谢女工，这就形成了相感相谢的循环。一天，秀若取一段衣料赠送女工，当着女工的面打开了自己的箱子——哇，简直是一只百宝箱！女工惊讶之下对丈夫流露了这条信息，那人趁夜入室，用梦香熏昏了6位女生，将秀若的箱子盗窃一空。除了存折上的一部分存款，秀若的全部财物都失去了，她的生计发生了大逆转。

"这也好，我从今往后要走上自食其力的路了。"事情一出，众人为之痛苦，秀若却很平静地对贾唯英这样说。这话饱含刚强，也饱含勇气，还饱含压力。

学校的开除暗示恰在这时出现。胡乔木等人代表组织建议秀若和贾唯英离校不离沪，提出要就地安排她们转校读书。但秀若与贾唯英的决定是北上北平。她们做出这一决定的根据有三点。

第一，北平发源了五四运动和一二九运动，这是令人向往的，她们要到那里寻找"最深刻最彻底的革命"。自己早在南洋时，就听爹爹讲，陈嘉庚先生追随孙中山闹革命反皇帝，

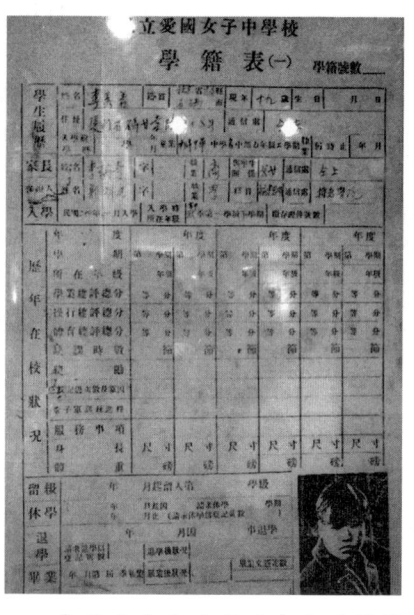

李秀若在上海爱国女中的学籍表。（集美中学供图）

同时大办教育，救民教育与革命是一回事，自己的教育救民理想，一定会在"最深刻最彻底的革命"中深入地推进、发展。

第二，报纸上说"红匪流窜至北方"，这就和前一条所述的革命源流相吻合，更增添了她们寻找革命的信念。同时她们还听说，中共有共产国际提供经费，自己要做职业革命家，不也是顺带解决生存的方向？

第三，如果不离开上海，胡乔木等人会协调她们转校，并解决她的生活困境，但那样就有仰人鼻息、受嗟来之食的感觉，不符合她的"自食其力"原则，这是有损秀若的刚强的。

1936 年（民国二十五年）7 月 5 日，上海招商局的一只小海轮划开万顷波涛，向北而来……波浪不停不息地向前推涌，令她们无限憧憬和想象的未来就在前面，上海愈来愈远……关于上海的李秀若，关于李秀若的上海……在她三年后给中共中央妇委的信中，清晰可见——

"上海，谁也知道是一个最复杂的繁华地方，在那里可以看到洋房大厦；也可以看到烂污狭窄的小土房；可以看到许多穿着西装绸缎长袍在马路上大摇大摆的银行经理或某公司的老板；也可以看到裸着体、赤着脚战栗着在道旁的穷人；可以看到富人们逍遥自在坐着汽车在柏油的马路上兜风；也可以看到汗流满面的在街巷到处奔跑，有时还要挨打挨骂为了挣几个钱的黄包车夫；可以看到穿着旗袍、高跟鞋、烫发头、擦胭脂，提着皮包、还挽着一个爱人，在马路上散步的摩登小姐或太太们；也可以看到穿着长短不齐、破烂不堪、烟熏黑了脸、提着饭篮、挽着、抱着或跟着一群肮脏饥饿的小孩子的女工；可以看到在电影院、跳舞场、开着电扇唱着留声机的阔人们；也可以看到流着汗水、身上压着麻包、木头箱，嘴还哼着'唉哟、唉哟！'的码头工人……那许多许多在小时候的一幕幕永不会磨灭的印象，更是在脑海里盘绕着，经常的奇怪：'为什么同样的人过不同的生

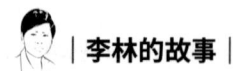

活？'"①

但接着，便是海洋文明的气概，在秀若年轻的心中成熟绽放——

"而上海是伟大的，到现在我还不能而且不会，永远不会忘记那伟大的上海！"②

波浪不停不息地向前推涌，上海越来越远，一个名叫李秀若的女生也越来越远，站在甲板上的，是一位名叫李林的民族革命青年和她的挚友贾唯英。

李林的名字是在做出北上北平的决定时改的。那次，众学友闻知李林财物失窃，雪上加霜又要被开除，判断她可能要离别了，就与她相聚于图书馆，作为安慰和送别。大家一片伤感气氛，秀若却没事人似的，提出一个很突然的想法："我这个'秀若'不符合我的个性，你们看，改个什么名字为好？"

众人提建议，七嘴八舌，莫衷一是。缅甸侨生林希智说："还是看你自己心里最惦记的是什么……"秀若闻言，忆旧的温情从坚毅的表情中散发出来。坐在上海的校园，她轻轻地唱起了《集美学校校歌》——

闽海之滨，有我集美乡；山明兮水秀，胜地冠南疆。

天然位置，惟序与簧；英才乐育，蔚为国光。

全国士聚一堂，师中实小共提倡。

春风吹和煦，桃李尽成行。

树人需百年，美哉教泽长。

---

① 李林：《给中央妇委的信》，山西人民出版社《巾帼英雄——李林》1985年4月第1版第8~9页。

② 李林：《给中央妇委的信》，山西人民出版社《巾帼英雄——李林》1985年4月第1版第9页。

"诚毅"二字中心藏，大家勿忘，大家勿忘！

"'春风吹和煦，桃李尽成行'，陈嘉庚先生寄予了我们多么深的希望啊；我们在这里开办晏阳初式的平民夜校，就是想继续着先生的意愿，可是……"秀若半是回忆半为解释地说着。她说自己在南洋是听着陈嘉庚先生的故事长大的，回国这六年半，最幸福的事情还是进了先生创办的集美学校。既是略带伤感的怀旧，又是壮志未酬的不甘心。众同学显然被她这丰富而深刻的情绪感染到了，一时气氛低沉起来。

为了调剂气氛，高原说了句："好呀，'桃李尽成行'，这里面已经现成有了你的'李'了……"

"我应该叫李林——总有一天，桃李不但要成行，还要成林！"秀若对高原点着头，脸上放射着激情和理想交织的光芒，大家鼓起掌来。

高慧芳听到这里，一拍手："李林，也是列宁的中文译音呢。"秀若伸手与她击掌一下。

一名之改，意味着一个新人的诞生。·年之后，李林为众多追随她的晋绥女子改了名，可见她的求新生塑新民的深刻愿望。

经过三天的海上航行，二人在天津上岸，改乘火车抵达北平。一路北上，华北地貌质朴而雄浑的粗犷之美使李林开了眼，她想象着北平更为激烈、更为壮阔的革命斗争生活，心胸震荡起来。她想，一到北平，就将迅即卷入浪涛般紧张而繁忙的活动。但是，进入北平之后的一景一物、一遇一见，是如此反差。

——慢悠悠的骆驼，缓缓悠扬的驼铃，挂着厚厚的白云的前门城楼。

——古色古香的老字号宁静地立在街边，头戴瓜皮帽、手托鸟笼子的老者散淡地迈着方步……

这就是古都北平，它似乎什么都不放在眼里，只把自己高傲的精气神自在舒展。年轻的李林看来，实在大感错愕。

北京人蒯荣富先生指辨李林落脚北平的栖身之所。（王宝国摄影）

接待她们的，正是贾唯英二哥的好友覃友吾。[1]覃到前门车站来迎接了她们，领她们到地安门沙滩东街，他已经给她们联系好了大学夹道里一个小公寓。李林一落脚就急着要求加入"进步组织"，她强调说："我们在上海已经是抗青团团员了啊。"而覃则慢悠悠地说："不急呀，北平这么多名胜，你们先游览一番再说嘛。"

大学夹道周边，就是北海公园、北大红楼，景山公园等景点，她们几天就都游览过了，还远游了八达岭长城。

登长城时，她们租骑了当地农民的毛驴。胯下的毛驴让李林联想到了夏伯阳的战马，她不由得脚手并用，催赶毛驴；毛驴一路小跑，蹄声嘚嘚，是个快毛驴儿，李林却怪它快不成战马的奔腾。

就在李林为慢悠悠的北平和激烈的上海而使劲转脑筋的时候，覃友吾拿着两份表格，来请李贾二人加入中共外围组织"民先"。[2]覃的模样不紧

---

[1] 覃友吾（1911–2007），又名秦仲方。1949年前曾任中共北方局宣传干事、晋西北区党委第三地委宣传部部长、晋绥分局第六地委书记兼晋绥军区第六支队政治委员、晋西北行政公署第一副主任等职；1949年后曾任国家城市建设部党组成员、部长助理，陕西省副省长，中国科学院科学出版社党委书记等职。

[2] 民族解放先锋队，成立于1936年2月。

不慢，大大咧咧，反映了北平革命斗争的半公开情形，这让李林对古都北平大感玩味不尽。这就是政治，它有时湍急如黄浦江的浪涛，有时又如深不可测的古都老城墙。

做职业革命家的路是不通的。9月，李林和贾唯英分别进了各自的学校。贾唯英舍不下学业，为了读完高中而选择了北平的两吉女中。李林则一为革命，二因经济，入读了私立北平民国学院①政治系。

北平民国学院旧址——今天的中央音乐学院。（王宝国摄影）

进入民国学院之后，李林的民先关系就被转到学校的民先组织中。转了关系，李林见到民国学院的民先领导人吕光，她向吕光问出来的第一句话便是："为什么北平的学生运动还不如上海活跃？"

这一问，反映出来的是李林的思想困惑，也隐含着她处境的困窘。交上第一学期学费，李林就连房租也付不上了，她只得搬到学院附近一间楼梯下的小过房。房间里放一张小板床、一张小桌、一个小凳，再烧一只小火炉，就拥挤得难以下脚了。寒风已起，李林仍然身着单衣。每天到食堂打饭，她是吃得最少的一个。这位曾从家里带出大量金银财宝大办社会公益事业的女侠，落到令人垂泪的窘境。

吕光像个大姐姐一样宽厚一笑，向李林详细介绍了北平学生运动的全

---

① 1916年创建，校名为"北京民国大学"，1931年更名为"私立北平民国学院"，1946年更名为"私立民国大学"，1949年并入湖南大学。

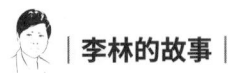

面情形，讲出了新观念，新思维："罢课、游行、示威，是学生运动的最高形式，不可以随便采用——要考虑大多数中间群众能否接受，还要考虑社会人士是否同情。不能图一时之快，率领少数先进分子往前冲，最终陷于孤立。这样不仅断送了可贵的革命力量，还丧失了人们的信念……"

经过一番交谈，吕光对李林有了深入的了解。坦荡而耿直，是吕光眼里的第一个李林；坚定性和悟性，是吕光眼里的第二个李林。拿得起放得下，对于自己的缺点不矫饰、不回避，能够随时抛弃，这种职业革命家的性格，是吕光眼里的第三个李林。因此，吕光用略带神秘的口吻说：这都是由"K·V"（中共北方局负责人刘少奇的代号）主持中共北方局以来的调整。吕光已将李林纳入政治视线，要着力培养她，所以接着往深里讲了讲："小李呀，你才来，也还年轻，有些事你还需要多观察多学习。我们正在总结一二九运动的教训——游行示威多了不一定是好事，少了也不一定是坏事。"

吕光环顾一眼李林的小屋，看出她的窘境，塞给她几张钞票。李林接了，脸上还是一贯的憨笑，钞票却在手里微微有些颤抖。

过了几天，贾唯英过来看望李林了，李林手里有了吕光给的钱，她带贾唯英到学院食堂吃饭，特别奢侈了一回：要了一份肉末雪里蕻。

访军

民国学院的院长鲁荡平是时任江西省主席的鲁涤平之弟，因为家里有个政府的封疆大吏，所以，他实行的教育方针是靠近当局，控制学生思想。为此，他率先引进学生军训制。但越是这样的地方，就越是容易为对立面所渗透，中共地下党正是运用了"灯下黑"的道理，在这里建立了更早的民先机构，成为更强的中共地下组织。如果说，启动民国学院的全部资源有两把钥匙，则院长鲁荡平只掌握着一把，而另一把掌握在中共组织手中。

1936 年（民国二十五年）九一八事变五周年纪念日，北平发生了两桩值得一述的事情，可以说明民国学院"后一把钥匙"的掌握和运用情形——

其一，这一天，按吕光的安排，李林主持了民国学院九一八事变五周年纪念座谈会，以主角的身份开展了她在北平的第一次抗日救亡活动，李林为学院全体师生所瞩目。

其二，这一天，国军二十九军驻丰台部与强占丰台的日本驻军打了一场遭遇战。第二天早操时间，李林首先向大家报告二十九军的战斗消息，并发表了一个简短而很艺术的演讲：

"同学们，二十九军官兵是好样的。他们不畏强敌，勇敢战斗，为民族而战，为你我而战，我们应该怎么办？我们要按照鲁院长的方针，学军事，练本领，用行动来向二十九军学习！"

接下来的 11 月，中日各方兵情大动，军事频仍。学生和军队之间的民族情感因之迅速融合。

11 月 3 日，平津日本驻军两万多人举行大演习，全副武装的日军践踏了农田，伤害着民众，亮着刺刀耀武扬威地从北平的长安大街穿城而过。整个北平的心脏都紧缩了，最悲愤的是学生们。

悲愤中，有不了解历史的同学就追问起来：我们的北平城，怎么会有这么多外国军队合法存在？

李林带领同学们专门请教了学校的历史老师。老师专门开了一堂"义和团与辛丑条约"的课，大致意思是：自 1899 年（清光绪二十五年）秋天起，从山东和直隶①两省起了一股势力，名叫义和团，又称"义和拳拳匪"，他们打着"扶清灭洋"的口号在社会上作乱，杀害了无数无辜的洋教人士和中国教民。清朝的掌权派首领慈禧太后为了她个人的权力，利用义和团冲击各国驻华大使馆，并对11国宣战，导致日本、俄国等8个国家组成联军进北京向清政府兴师问罪，太后和皇帝一干人逃跑到西安。1901年（清光绪二十七年，农历辛丑年）7月25日，清政府被迫同11国签订了丧权辱国的《辛丑条约》，在日本的有关方面，又称《义和团事变详细议定书》。根据《辛丑条约》规定，允许"北京至沿海的关键地点驻扎外国军队"，"日本陆军在华北平津地区驻有一部分兵力，这部分兵力称为中国驻屯军"。②

这堂课使李林再次勾起父亲讲过的皇帝话题。做太后的比皇帝还权威强大，比皇帝还罪恶深重。皇帝家不仅屠杀民众，还到国际社会行凶作恶。

日本在我国驻军的理由是"保护侨民"；而中国的皇帝不保护侨民，把外出谋生的华侨称为"叛民"，却和匪帮性质的乱民抱成一团——这该有多么的黑暗和混乱啊。

想到这些，李林的思绪由此联系陈嘉庚、晏阳初的教育救民——我们

①　直隶，简称"直"，中国旧省名，特指今河北省。明称直隶于京师的地区为直隶，自永乐初建都北京后，又称直隶北京的地区为北直隶（相当今北京、天津两市、河北省大部和河南、山东的小部地区）；直隶南京的地区为南直隶。清初以南直隶为江南省，北直隶为直隶省。1928年改省名为河北。

②　见于：〔美〕费正清、刘广京：《剑桥中国晚清史·下卷》，中国社会科学出版社1985年2月第1版第126页；〔日〕服部卓四郎著、张玉祥等译：《大东亚战争全史》，世界知识出版社2016年1月第1版第12页；〔英〕拉纳·米特著、蒋永强、陈逾前、陈心心译（Rana Mitter）《中国，被遗忘的盟友——西方人眼中的抗日战争全史》，新世界出版社2014年7月第1版第74页。

必须把民众教育好，将来的中国，永世不出义和团。同时，她的抗日思想也从完全的向外的激进，增加了向内的思考——看来，革命就是要办好国内的事情，这也是抗日的一部分。

那么，眼前的事情，是优先向内，还是优先向外？不知道。哪件事紧急先做哪件吧，抗日的事情是风火般的行动，不能做理论家。

11月8日，二十九军驻红山口部进行了有针对性的实弹演习，军官带头高呼"武装保卫华北"的口号。

11月12日，二十九军两万多人在河北固安县进行秋季演习，自军长宋哲元起，全部将领参加。北平学联组织了600多人的代表团前往现场参观、慰问、献旗。北平学联赠旗："拥护廿九军保卫华北"；清华大学赠旗："国家干城"，民国学院也参加了活动。

600多名学生会合到两万多士兵当中，就像一片篝火点燃起来了，青春热烈，激情昂扬。学生带来的鼓舞，使军长宋哲元当场表态："二十九军要坚决维护领土主权！"

二十九军南苑驻地，学生在营外慰问，士兵在围墙上互动。吕光走动在学生慰问团中进行指导，李林在向士兵做演讲，穿插有歌唱。围墙上的士兵向营外挥手，向营内招呼，一时情景，蔚为壮观。

慰问当中，李林的目光总是在扫描士兵们的表情气质，盯着他们的腰身，观察他们行走的步态。谁知道李林此刻的肚子里有何盘算呢？走近了士兵，看到了兵营，李林的军事梦更真切地复活，她相信自己有朝一日也要带出一队抗日的兵来。

接下来，民先总部要求各学校开展各种形式的军事活动，以便应付突然事变。民国学院的军事活动就由李林领导。李林开口闭口不离开鲁院长

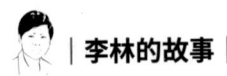

的方针，所以进行得很顺利。除了每天的晨练，李林还带领同学们进行郊外野营、演习。

李林带领民国学院学生走进圆明园的联合演习，激荡人心，更激荡自己的心，她想着自己真刀真枪抗日的军事实战，近了，近了……她的指挥令因之强壮，威严。这使民先队员和民国学院的同学们疑惑着——是不是南洋华侨早已演兵在太平洋？

血映红旗

1936 年（民国二十五年）的秋天，真是个多事之秋。一连串影响到中华民族前途的大事，都发生在这个秋天，而李林在这个秋天扛起了一面大旗。

北平，事情正在起变化。

抗日名将傅作义绥东抗战，百灵庙大捷，这是九一八之后中国军队首次收复失地。全中国为之振奋，国共两党表达了嘉奖和祝贺，引起全国范围抗战浪潮。

对于即将走上国共合作抗日山西之路的李林来说，支援绥远抗战的人物，有两例具有相关的意义：一是集美校主陈嘉庚捐赠了大量医药和物资，还撰写了颂扬绥远抗战和傅作义将军的《傅作义高义》一文；二是身任第二战区司令长官的阎锡山，代父阎书堂将经商所得 87 万元遗产全部捐绥。此其一，来自正面的鼓舞。

其二，背面有些情况令人不安——

11 月以来，上海、青岛的日本纱厂先后发生了 3 万人规模的大罢工，日本海军陆战队直接干涉罢工事件；12 月 3 日，又发生了青岛日军千余人围搜青岛国民党党部的恶性事件。

一系列事件中，具有爆发意义的是声援上海七君子事件。11 月 22 日深夜，当局以"危害民国罪"在上海逮捕沈钧儒等 7 位抗日救国会领袖，这件事引发了全国大声援。这使得李林必须对接上级组织一次。

12 月上旬的一天，李林按约定的地点找到吕光。吕光正在送出几位教师模样的客人，与他们很用力地一一握别；回头来微笑着鼓一下掌，拉李林进了屋。

李林急着要说话，吕光将一杯热茶端在她面前，问她适应北平的气候了吗，说"你从上海来，不巧恰赶上一个寒冷季节，你要保重"。

李林答复并感谢，又要说话，吕光又说："你生那个小铁炉，可要注意。夜里风向一转，煤烟回流，不要发生煤气中毒。"

李林再次想要表达她心中的意思，吕光又问她生活中的其他情况，郑重地传达了组织上的一个意思：你的表现是合格的，你的工作应该得到经费补助了。

李林闭了嘴，望着吕光，小屋里一层层的静默压迫着她。

"小李，你今天来见我，一定有重要的想法要对我谈？"静了一刻，吕光端起自己的茶杯，一边轻轻吹着水面的茶叶，一边用郑重而轻柔的声调说："你说吧。"

李林深呼吸了一下，说："我想报告我的想法——以前那样的活动固然不对，但是今日这情形，一面是国军抗战大胜，一面是政府压制抗日救国会领袖，我们做学生的还能麻木不仁吗？我建议立刻举行一次大规模游行示威！"

吕光手端茶杯，停在胸前，眼望着窗外那株巨大的柏树，郑重说："你

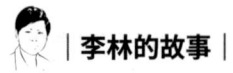

的意见是对的，是该有一次行动了，大家都有这样的要求。"

12月10日晚上，吕光来到李林的小屋，将一块红布交到李林手中。吕光抚着红布对李林宣布了北平学联于12日举行万人大游行的决定。

"我们的游行队伍很浩大，需要一面红旗作前导，更需要一名勇敢的同学作总旗手。大家都认为你最合适，你能吗？"吕光用深沉的目光凝视着李林。

"这是一件庄严而危险的任务……"吕光特别补充说。

"我不怕，请相信我！"李林眼睛大放亮光，兴奋地回复。

"总旗手"是个什么概念呢？

各学校的队伍决定进退缓急，集中分散，都盯着本校的校旗；而高举校旗的各校旗手盯向哪里？总红旗。

关于总旗手的人选，如果放简单点儿按通常逻辑来理解，不能少了两个条件：其一，政治方面，总红旗意味着万余人游行示威行动的成败，而这次游行示威又意味着中共在北平一个时期的政治大局——总旗手必须是一位像覃友吾那样在北平久经考验的人物。中共经营北平多年，这样的人选可以说是随手一抓一大把。其二，这面总红旗能小了吗、能低了吗？游行时间是整整一个上午，总旗手力气小了或意志不强，成吗？身体方面来考察，总旗手必须是一位魁梧的男生，这在参加游行示威的万余人中选一人，更是随手一抓一大把。

而组织上偏偏选中了一位矮个子女生，还是一位远道初来的侨女，才入民先，尚未入党。可见，只有骨子里透射出来的英武与忠诚，才是钢铁般可靠的东西。

这一夜，根据吕光交代的"化整为零""聚零为整"游行战略，李林伏在一幅北平地图上，一整夜研究，制定出一套统一万人大队的旗语方案。

12月12日，北平学联发表《北平市全体学生示威宣言》。并组织学生举行反对内战，要求抗日的示威游行。游行总指挥由黄敬、李昌等担任。下午1时，30余校五六千人齐集北京大学一院开会。①

这是中共组织领导下，北平学联举行的北平市第5次大型游行示威，李林担任总旗手，是两位总指挥与万余大中学生之间的将领级人物。不到半年，这位革命侨女，以一颗英雄的亮星，从全上海上空闪耀到全北平上空。

一大早，吕光和李林等领头人物趁校警还在熟睡的时机，首先翻墙出了民国学院校门，冒着凛冽的

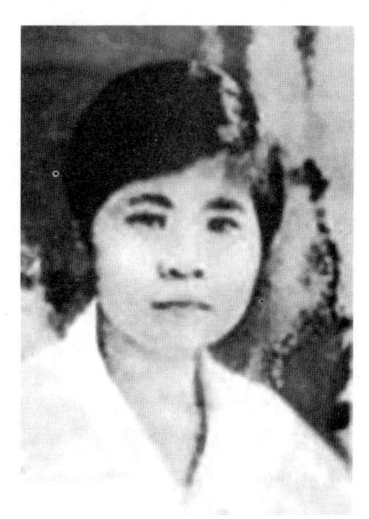

在北平加入中共时期的李林。
（朔州市李林英雄文化研究会资料图）

寒风穿过宣武门，经过西单，直奔西四牌楼预定的集合地点，马上又分散开来。李林装作候车人的样子站在电车站，机警地观察着流动警察的动向，等候着陆续到来的同学们。

时针刚刚指向8点，李林与近旁商店橱窗前的吕光目光一对接，吕光一挥手，李林迅速抽出怀里的布制红旗，另一同学同时递到旗杆。李林接

---

① 北京高等教育志编纂委员会：《北京普通高等教育志》，华艺出版社2004年7月第1版第1761页。

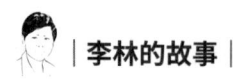

旗在手，立刻跑到街中心挥舞起来，散在四周的远远近近的同学们一齐向她集中而来，手臂挽起，六路纵队的大游行浩浩荡荡地开始了，震天撼地的口号声响彻古城——

"立即释放上海爱国七领袖！"

"援助上海、青岛的爱国罢工！"

"拥护二十九军将士保卫华北！"

"拥护绥远将士抗击日寇！"

"要求政府出兵收复失地！"

"要求政府与日本绝交！"

他们一路前进，清华先遣队、法商学院队，以及被打散而又集合起来的北平师范大学队都会合而来。临近太平仓，不断有新的队伍汇合而入。第三路队伍里有个熟悉的影子钻进李林的视野，李林刚在心里说了声"唯英……"，贾唯英就孩子气地飞跑而来，气喘吁吁地拉着她的手呼喊："秀若，秀若，真痛快！"

李林像大姐一样命令她赶快归队，眼里却是一片留恋的目光。

不久，阻拦游行的大队警察和全身皮衣、身带警棍的"皮人"出现，前面还横排着上百辆自行车。

"如果我倒下了，请你接过去，红旗决不能倒！"李林对护旗的男同学紧急叮嘱。叮嘱之后，她立即摇摆出"化整为零"的旗语，眨眼间，队伍从马路两旁消失了。警察以为学生们怕了、散了，一转眼，却见游行队伍又在警察身后重新聚集，继续前进，口号更加雄壮。

李林挥动红旗，领起了歌声。一万多人的洪流从太平仓滚滚而前。一辆传送传单的小汽车来回奔驰，雪片一样的传单从汽车上飞扬而出，立即分散到街道两旁的群众手里。李林关注着各处动态，她发现，有些警察也在偷偷阅看传单。

警长终于发现了这面无标志红旗是号令大旗，奥秘全在这面总红旗上。当游行队伍由太仆寺经府右街转到西长安街时，一个警长亲率几个威武警察一拥而上，扑向李林，拼命抢夺红旗。李林舍命护旗，用两肘和头部来回猛烈地撞击警长，警长被她撞疼了，急忙抽手去护脸，身体一个趔趄，差点摔倒在地。警长恼羞成怒，挥舞警棍猛击在李林头上，鲜血一滴滴洒在她脖颈间雪白的围巾上，洒在她怀中的红旗上。

一场激烈的夺旗战，警察抽走了旗杆，但红旗仍然被死死抱在李林怀里。

吕光一直在远远关注着李林，当李林洒血的关键时刻，她立刻亲自上前扶住李林。吕光一边扶助李林，一边指挥同学们英勇搏斗，夺回了旗杆，李林再次把红旗高高举起，示威游行按照原计划进行到底。

此次大规模游行示威经历了李林护旗洒血、南长街门学生遭受警察与"皮人"保安殴打两次打击，最终取得全胜。

下午，景山，北平市长秦德纯接见学生，盛赞学生的爱国热情。

"上午阻止我们，下午又说我们爱国——这是怎么一回事？"李林不解地请教吕光。吕光说："这正说明我们按照'K·V'的方针办事，平时的团结、争取之策有效果。"

话音刚落，有人带来"中央社电"：西安昨发生重大事变／张学良所统率部队突然异动／蒋委员长在西安被劫持／中央各领袖深夜开紧急会议／国府命令张学良着褫职严办……①

----

① 冷燕虎、欧阳惠：《赤子热血——环球华侨抗日》，解放军文艺出版社 1995 年版第 141 页。

　　震惊中外的西安事变（又称双十二事变），与北平学联的行动巧合在同一天。本来，全国矛头大多指向政府，然而，西安事变使国人的态度发生了大转变。有的爱国团体和知识分子，听到西安事变消息后感到震惊和愕然。全国各界救国联合会12月15日发表的"紧急宣言"，认为在当时的历史条件下，扣留蒋介石"实在是一个极大的不幸"。著名爱国民主人士杜重远是张学良的挚友，他也不赞成扣押蒋介石。北京各高等学校的教师们，听到蒋介石被扣消息后，对张、杨的行为不理解，担心"举国复有陷于混乱之虞，长敌国外患之势，寒前线将士之心"，认为此举"召亡国之实祸，破坏统一"。胡适12月20日发表在《大公报》上的星期论文《张学良的叛国》……认为张、杨的举动"是背叛国家，是破坏统一，是毁坏国家民族的力量，是妨害国家民族的进步！"①

　　张杨二人造成的混乱局面，同样混乱在学生群体的思想中，包括李林。消息初至，北平学生各种困惑纷披杂陈——

　　"张学良在做什么？他这不是在破坏'广泛的统一战线'吗？"

　　"蒋介石抓'七君子'，张学良就该抓蒋介石——谁让他不抗日！"

　　"张学良这个旧军阀子弟，他丢了东三省，又来大西北捣什么乱？"

　　现在的李林受到学生们的高度信赖，大家都把目光投向她，看她这位总旗手有何态度；而她也困惑起来，赶紧来见吕光。吕光传达了中共北方局以民先总部名义指示的关于西安事变的宣传口径，指出：其他是非姑且不论，客观上，张学良是在帮我党的忙，我们要从党的利益出发，拥护张学良将军。"处此思想混乱的动荡时期，不但你自己思想要通，还要去做

―――――――――――

　　① 李义彬：《西安事变史略》，社会科学文献出版社2016年5月第1版第214~215页。

同学们的工作。"吕光要求李林。

没有人怀疑吕光的观点。当旧的政权已然垂老，一个新的政治组织总是富有更大吸引力。对于李林而言，谁能回答她"我们不是劣等民族""我们能做自己国家的主人"的问题，谁就是可信赖的好党。

北平和西安两个"双十二"之后 6 天，1936 年（民国二十五年）12 月18 日，也就是李林南下太原报到的前 5 天，一个典型的北平四合院，华侨女大学生李林按要求回答过若干问题之后，面对马克思画像，举手宣誓，加入了中国共产党。

进入山西

"大学的生活引不起我的兴趣，作一个大学生自己不认为是光荣，我迫切要求参加实际工作。因此在 1936 年 12 月间，我抛弃了学生生涯，我离开了那全国的文化中心地故都北平，来到太原，在国民师范军政干部训练委员会参加受训，也参加了牺牲救国同盟会。"[①]

1936 年（民国二十五年）12 月 25 日，北平前门火车站，一列即将向南开行的列车喷吐着浓浓的气浪，两个女生相互搂着肩膀依依告别，她们是李林和贾唯英。

"秀若……"一声才出，贾唯英已经哭成了泪人。李林也是依依难舍，但她是做大姐的，唯有百般抚慰。她说："以后，山西的抗日发展好了，你也可以来太原工作，我们又在一起了。"

年底的日子里，李林的双脚已踏在山西太原的土地上，加入国共合作

---

① 李林:《给中央妇委的信》，山西人民出版社《巾帼英雄——李林》1985 年 4 月第 1 版第 9 页。

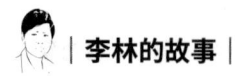

抗战模范省山西的故事中。

1936年（民国二十五年）12月26日下午，太原新民西街，一个身背简单行李、上挂一只篮球的青年问着路，从首义门一路步行而来，边走边观察着街道两旁。到处是"抗敌救亡""民族革命""统一战线""守土抗战""牺牲救国"之类标语，挥着三角旗的青年游行队伍不时经过。国师街口有一个书报亭，里面陈列着成排的《革命生活》《革命动力》等杂志，摞得最厚的是《牺牲救国》报，青年看见报纸版面两边对称地排着一副对联式标语：

抱定弱国态度，守土抗战；

踢破经常范围，加紧自强。

颇为抢眼的另一种读物是阎锡山所著《物产证券与按劳分配》等。青年好奇地要买一份，意外地看到一张10月15日的《太原日报》，上载消息："九月十八日上午十时，牺盟会举行成立大会，参加万人，激昂慷慨，空前未有，代表演词沉痛恳挚，闻者发愤。参加者有洋车夫、农夫、工商学各界人士，前来者络绎不绝，至终场未有早退者……"青年买了报纸，欣喜地暗自点着头，步入国师街，拐进侠义巷三号的国师招待所，循着字牌指示，径直走进女子接待区。

"你是女的吗？"两位管接待的大妈上上下下仔细观察一番，有些吃不准地问。

来人摘下学生帽，一抖头发，大方地笑着报告："北平民国学院学生李林，特来报到！"

"李林同志？欢迎你！"接待台后面房间里，一位干练的中年女人闻声而出，与李林一握。她另有一个簿子，是各地中共组织报给中共山西工委的名单，是约好了直接到侠义巷三号报到的（其他人员则安排先到精营西二道街二十号报到），而由于华侨身份，李林受到特别关注。

"山西以一隅之地，进行了守土抗战，收罗进步青年，成立牺牲救国同盟会，解放思想自由，允许开设生活书店，我看见山西是有了光明……我和许多爱国青年一样，像扑灯蛾似的，围绕着这一点儿光明，不肯离他而去了。"[1] 著名老同盟会员续范亭[2] 说。这时候的太原，是全国抗日的前线，又是国共合作的模范省，全国青年潮流所向。中共北方局不失时机地陆续派出干员，与李林先后到来的牛荫冠、纪雨秀等人，是第二批。

"难怪北平进步人士说太原已是'小延安'了，你们可真能做工作……"李林对中年女人感叹说。

李林被中年女人送到一个房间，一放下行李，就引领她到各个女宿舍与众人见面。这里已有20余名女青年，她们是来自上海的工人、来自北平的学生、来自武汉的店员……来自苏州的"政治犯"何仰天，还是一位朝鲜女子。对于南洋侨女李林而言，幸运的是来到内陆省份，竟又能遇到这样一群以中华为乡、来自五湖四海的志士，这使她心怀大放。在这个南腔北调的群体，她与大家一见如故，马上成了亲热的姐妹。

从这一天起，共产党员李林加入了山西牺盟会，参加了军政干部训练班。在这里，李林成为一个政治与军事复合型人物。

---

① 穆欣：《李林——侨乡的骄傲——记一位献身祖国的民族女英雄》，山西人民出版社《巾帼英雄——李林》1985 年 4 月第 1 版第 89 页。

② 续范亭（1893–1947），名培模，字以行，山西省崞县（今原平市）西社村（今属定襄县）人。早年参加同盟会。1935 年 12 月 26 日，为促进当局抗日，在南京中山陵剖腹明志，遇救获生。

第五章

出雁门记

1
一出大同，再出两长城

慷慨雁门关

1937 年（民国二十六年）7 月 7 日 20：40 时，北平宛平县卢沟桥，在中日两方驻军之间有人放枪，[①] 致成卢沟桥事件；事变次日，中共中央即发表《中国共产党为日军进攻卢沟桥通电》，号召全国军民团结起来共同抵抗日本侵略者。[②] 中国抗日战争全面爆发。

从这个日子起，李林自感血管中有一种无可名状的东西在奔突，眼前不断出现战场幻觉：有时觉得自己是一个马柳特迦式的神枪射击手，一弹一敌击杀日本兵；有时又觉得自己是一个夏伯阳式的久经沙场的宿将，率军千里驰骋，攻取了一个又一个的敌军堡垒……还有时候她沉浸在悲壮的梦中，她在某次激烈的决战中牺牲了，牺牲后的她变成一个既像飞机又像大鹏的无名的新生体，飞行在空中，张开巨大的手臂横扫华北、东北大地所有侵略者……

这时候，受训 5 个月的李林受到组织的重视。本来已经奉命于 5 月底提前结束军训，被调到牺盟会太原分会，不久又调到牺盟会总会。

---

① 于宁编著:《太原会战》(航空工业出版社,2016 年 7 月第 1 版第 22 页) 引陈在俊《卢沟桥的点火者——茂川秀和》记述，称：1937 年 7 月 7 日卢沟桥的放枪人是日人茂川秀和指使 "共产党学生干的"。

② 于宁编著:《太原会战》，航空工业出版社 2016 年 7 月第 1 版第 29~30 页。

在办公室的案牍间、电话中、文件里，李林担负着牺盟会组织发起的"百万人签名捐款、数万人请缨上战场"运动中的具体工作。其次是中共方面的"内部性"工作。她身处牺盟会机关，要对牺盟会恪尽职守，更要为中共公工委和秘工委尽力。其间，牺盟会的纲领刚刚修改，领导机构及人事刚刚调整，中共的政治内涵正在这里面不断扩大、深化。

一头是繁忙和紧张中的双重指向，一头是七七事变带来的激愤和亢奋。她的军事梦想在胸腔中一鼓一鼓。她一再向组织提出要求——到前线的前线去工作。

但在组织上看来，以李林归侨与大学生双重出身的人物，实属山西之罕见；而且她卓有见识，富有学问，是难得的文化人才，她已经成为牺盟会机关和中共山西工委注目的一个重要干员，机关哪里肯放！

何况，她还是个女的。

就在这个时刻，中国的政局发生了重大变化，影响到李林的去向。7月13日，蒋介石接待了几个特殊的访客，包括周恩来、博古和林伯渠在内的中共高层领导人。[①] 7月15日，《中共中央为公布国共合作宣言》（7月22日中央社发表）呈递到蒋介石案头，为了合作抗日，实现争取中华民族之独立自由与解放……准备与发动民族革命抗战以收复失地和恢复领土主权之完整……中共承诺：一、孙中山先生的三民主义为中国今日之必需，本党愿为其彻底的实现而奋斗。二、取消一切推翻国民党政权的暴动政策及赤化运动，停止以暴力没收地主土地的政策。三、取消现在的苏维

---

① 〔英〕拉纳·米特（Rana Mitter）：《中国，被遗忘的盟友——西方人眼中的抗日战争全史》，新世界出版社 2014 年 7 月第 1 版第 86 页。

埃政府，实行民权政治，以期全国政权之统一。四、取消红军名义及番号改编为国民革命军受国民政府军事委员会之统辖并待命出动，担任抗日前线之职责。[1] 7 月 17 日，国民党第二次庐山谈话会召开，蒋介石讲了五项抗日主张。这是全国格局的合作指向。

在山西，自 1936 年 5 月 25 日至翌年 7 月 14 日之间，阎锡山在部署晋绥抗战过程中，先后收到毛泽东三封来信。阎锡山回复毛泽东第三封信中称"愿与先生同赴国难"，[2] 这都对山西国共合作抗日起到迅速推进，更对在晋中共人士的根据地谋划强化了信心。这一背景也促成了李林意愿的实现。

抗日战争前，晋绥军第 61 军（战前称第 68 师）驻防于平绥铁路沿线天镇、阳高、大同、丰镇和兴和等地，积极修筑国防工事，实际上已处于战备状态。[3] 大同位处晋绥边界，是隶属山西的能源与经济重镇，如本书绪章所述，历史上一直是北方中国的中心城市。围绕大同，是雁北 13 县：包括位于平绥铁路和同蒲铁路线上的天镇、阳高、人同、怀仁、山阴、朔县六县，位于同蒲铁路以西的左云、右玉、平鲁三县，位在同蒲路以东的浑源、应县、灵邱、广灵四县。此刻，这个北方军事要塞地方，再次成为山西抵抗侵华日军的最前沿。这样一个大同重镇，谁能轻易放过？阎锡山坚守大同的思路，中共也很重视，敏锐地及时跟进，以便适时创建自己的根据地，所以，批准李林到大同工作。

---

① 张宝康、孙明开、施昌旺主编：《中共中央中原局（1938.11~1941.5·上卷）》，中共党史出版社 2013 年 12 月第 1 版第 47~48 页。

② 雒春普：《阎锡山传》，国际文化出版公司 2011 年 1 月第 1 版第 263 页。

③ 杨维垣：《天镇抗战和李服膺被杀经过》，陈长捷、韩伯琴等著《晋绥抗战——原国民党将领抗日战争亲历记》，中国文史出版社 2010 年 9 月第 1 版第 6 页。

7月20日，李林以牺盟会大同中心区领导成员和中共雁北工委领导成员的双重身份，出太原，过雁门，直奔前线的前线——古城大同。

李林等人到来时，日本驻大同特务机关已经成立，繁华富庶的大同城，人们的心里，已经像战场一样硝烟乱滚。阎锡山的大同会战还没部署完成，日军的飞机已呼啸在大同城的上空，汉奸在地面殷勤指引，日机炸弹准确轰炸目标。范长江在《吊大同》中说，情势危急之下，大同当局对交通问题、汉奸问题、防空问题、伤员问题、供应问题，都不能实现基本的解决。

就在这样的大同，城东南角小南头村的龙王庙里，以吕调元①为秘书、李林为宣传委员，另有阎秀峰、侯富山等人参加的牺盟会大同中心区工作组，展开了工作。

李林北上大同相伴几人？她到来后大同工作组共有几人？所见资料并无确数。小南头村人的口述称，李林来到龙王庙时"还有十来个女的，多是南方口音"。这与资料里"太原干训班女兵慕名追随李林"的记述相印证。

敌机在上空盘旋啸叫，炸弹随时落下。龙王庙这班以女干部为多数的中心区工作组，冒着危险天天奔走，广泛地进行民间宣传和动员。他们通过各种方式的宣传，揭露日军的野心和残酷，提醒人们，日本人一旦占了大同，不但把大同人都变成亡国奴，而且要对大同进行大规模的资源掠夺，把我们子孙后代的财富挖光采尽。我们必须起而抗日。

---

① 吕调元（1908-1946），字乾初，山西省静乐县鹅城镇西坡崖村人。1927年考入北平朝阳大学政治系，翌年转入北平大学法学系。七七事变后，曾任大同县县长、牺盟会大同中心区秘书。后与薄一波、牛荫冠同为牺盟会总部中共三人小组成员之一。

除了宣传动员，他们还接应铁路上运送来的傅作义绥东抗战伤员。

日军就要进城，牺盟会宣传的是抗日；马永魁及其网罗的古希尧、傅楫、刘采亭、于美江、白蔚武等宣传的是迎接日军，他们已在筹建服务日本人的维持会。两方势力都说的是为了大同民众，两股力量激烈角逐。

就是在这样的角逐中，李林他们不停地奔走在街巷和田野，行走着，冷不丁回首身后，经常会发现有人或徐或疾地跟踪。有一次，李林和伙伴们从火车站回到龙王庙的住处刚一开门，一块绑着恐吓信的石头从身后飞入屋里。李林拾信开阅：……如果妖言惑众，宣传赤化匪言，破坏中日邦交，你等性命不保。勿谓言之不预也。

光洁的信纸，淡蓝的暗影，散发着淡淡的香味，李林由此判断，信来自日本驻大同特务机关长铃木重楼办公室。这张信纸说明李林等中心区人员已被驻大同的日方最高层关注了；也说明大同事态已经很严重。李林一笑，把信三下两下撕掉朝院子扬开去，对伙伴们说："今天印刷传单的任务由我一个人承担，你们休息吧。"

说罢，她用桌布和床单堵住窗子，点起微弱的蜡烛，在不断划破夜空的空袭警报声中，通宵达旦地工作。

练兵卧龙岗

1937 年（民国二十六年）8 月 26 日，日军刚刚组成的"华北方面军"中的东条英机察哈尔兵团与板垣征四郎第五师团南侵而来，张家口失守，大同危在旦夕。

此前的 8 月 10 日至 13 日，吕调元主持，牺盟会大同中心区在小南头附近山野召开雁北十三县牺盟会特派员会议。

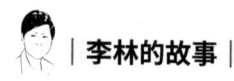

这次会议备受瞩目的程度，远远超过了它所在地区的级别。这是因为，阎锡山主持的山西高层部署并精心筹备了"大同会战"，相应下达了"与城共存亡"的指示，意在将南下日军阻遏在大同东北部的天镇县盘山以东；中共方面敏锐跟进，才有牺盟会大同中心区的安排，看似"不自量力"地拿中心区一帮书生对抗强大的大同汉奸阵营；才会有著名报人范长江与会并做讲演，著名民主人士李公朴、柳湜、周巍峙专程从太原赶来，以记者身份参加了会议。

会议主要议程有三。

第一项，就中心区成立以来的工作进行交流和总结，各县特派员的汇报，都说开展了抗日救亡宣传，动员了群众，本县的牺盟会会员都有发展。

第二项，讨论下一步牺盟会干部的工作形式，都说仍然是宣传中共主张，继续坚持在民间工农学教群众中发展牺盟会员，做好开展游击战争的准备。

最难不过第三项，大同城镇万一失守，人员何去何从？怎样抗日？阎锡山苦心筹备的大同会战万一宣告失败，坚守天镇盘山的61军撤兵在即。如果大同城镇失守，中心区选择退出城镇，所谓"做好开展游击战争的准备"，具体是由谁来领导、谁来参与开展游击战？怎么准备？到了具体层面，李林发言了，她强调发展自己的军事，组建自己的部队，转移到山区长期开展对敌斗争。

几乎没有谁反对。但空袭警报刺耳地传来，会议的调子就走低了。

有人说，坚持对敌斗争当然不错，但大敌当前，谁会跟着咱们拼命？发展军事是一句空话。

有人说，军事发展不成，对敌斗争也是一句空话，全部南撤，寻求党组织和牺盟会的安排，是不可避免的选择。

……

多数人对于李林的意见矛盾重重，没有明确的主张。远远地坐在李林对面的一位男特派员特别关注她，他就是前述那位在太原时就对李林深深钦敬的河南学员屈健，长李林一岁。青年屈健已在河南学生运动中摸爬滚打多有历练，"小延安"将他吸引来晋。他的视野里出现了李林这样一个奇女子，才高胆壮，她的资质风采没有人比得上，他心里好生倾慕。太原受训，他比李林晚到一个月，又比李林早离开两个月，作为牺盟会特派员来到了雁北的平鲁县。此时，他与李林第二次相遇。

屈健看出李林很着急，还有些孤独，他了解她的心愿，很想帮她点什么。他几次欲言，话到嘴边，却总是恰好被那位姓张的中心区干部接了话茬。

大同小南头的牺盟会特派员会议共开了 4 天时间，每天从驻地到开会地点须渡过桑干河，人们需要挽起裤腿涉过一米深的水。其他女同志都要男同志背送，李林不但不用人背，她肩挎枪支，背负一位女同胞，脖子上挂着一双鞋，蹚水过河如履平道，这是屈健对她的深刻印象。

再回到会议上来。

关于大同失守之后雁北牺盟会成员怎么办的问题，会议最终形成的决议，不是全部南撤，也不是李林的提议，而是一个似是而非的"第三种方案"：分散深入到各县民间，在群众的掩护下开展工作，动员抗日，瞅准机会组织军事行动。

拿后来的情形回顾起来，这个决议类似后世惯见的空话公文。

大同小南头村的龙王庙。（王宝国摄影）

会议结束，回到龙王庙之后，中心区 7 名领导成员继续开会。李林以领导成员之一的身份，第二次强烈建议组建队伍，以游击方式率军作战。这时，她拿出一份记满人名的材料。

材料在众人手中传看之后，大家再无二话，李林的意见变成会议决议。

原来，李林自信必将是个带兵的人，早已确定了一种不为众人所知的意志——建立自己的武装队伍。这意志在太原受训时期进一步强化。因此，李林一到大同，就暗中留心，她每遇到一个人，就不自觉地用一个兵的标准去观察、审视。她心中的抗日二字，不是展示到会议上，不是发表在文件里，而是直接投射到人身上，人的身体神情、人的臂膀腰腿、人的声音目光……她与所遇每个青年讲着话，就把人家"记录在案"。她已拥有了相当规模的人力资源。

自此次会后到大同陷落的一个月时间里，在人心惶惶的环境中，牺盟会大同中心区以李林为主，组织起一支近 120 人的农民队伍。关于队伍的名称，由于没有来得及请示上级，他们暂且定名为"大同农民抗日自卫队"。

"我们有自己的队伍了！"侨女年方二十二，带兵之快有谁知？

自卫队建立后，中心区决定由李林负责训练和指挥。对于李林而言，这是她短短一生中辉煌的军事生涯的预演。

李林每两天集合一次自卫队，给队伍讲课，安排和指挥训练。他们请求大同城防司令部支援了近100支步枪和一些训练用的弹药，又从民间购买了20余支火枪和老步枪，差强人意地做到了人手一枪。她把自己从太原经受的军训施展在这支农民队伍中。

李林努力讲着大同话，一急，闽南腔就出来绊嘴。讲到不利索处一笑双眯眼，常常逗得队员们一阵阵地乐。她努力探寻农民的角度和口味，深入浅出地讲中国必胜、日本必败的道理……她的讲话与其他干部不同之处是，往往能把中国抗战纳入世界环境中，从荷兰人怎样看待我们中国讲起，继而把中国当代文武英雄展现出来，比如，她的集美校主陈嘉庚是怎样的文化英雄；讲毛泽东的游击战理论时，就结合郑成功先抗清后收台的军事史。农民兄弟们的信念，在一阵阵赞叹声和笑声中缓缓升起来。

小南头村西南所倚的逶迤山岭，名叫卧龙岗，山势既雄伟又舒缓，恰好是队伍的练兵之处。李林的队伍，从小南头村周边各村的农民打粮场聚集而来，从那些破落的煤窑里聚集而来，在龙王庙前的小广场集中，拉上卧龙岗的山野。一群农民、窑工，上到他们熟悉的山头，既不打柴也不放牧，变成了一支军队。他们由于难为情而嘻嘻哈哈起来，这时，李林声如洪钟地大声发令："违背军令者罚！"然后命令带头发笑的队员沿着训练场跑步三圈，她倒背双手，铁塔一样站在队前，一脸严肃，发出的命令是那么不容置疑，队员们忙收敛了嬉笑，目光也不再斜视。

李林用自己的军事指挥员气质，把她的军事本领施展开来，散漫的人们很快凝结成军队的形态，他们在适应行军、适应打枪、适应投弹。当响遏行云的演操声从他们自己口中发出，再也没有人嘻嘻哈哈。军事演习的壮观声势，反过来影响着队员本身。大同农民抗日自卫队——一伙聚集起

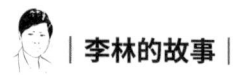

来的农民和"窑黑子"，正在朝着一支军队嬗变。

雁门哭关

就在这支队伍紧张而艰难的嬗变过程中，大同的风声一天比一天紧。

9月10日，吕调元带李林、张干丞进了大同城。他们想请驻同35军城防司令派教官来支援训练，主要是为了在时局发生突然变化的情况下，对这支还没有完成军事化整训的队伍，从官方角度加以必要的军事性的管理。进入城防司令部之前，他们知道一部分晋绥军已经南撤，而李服膺的61军万余人还在天镇盘山坚守。

"你们还没走啊？"没等来人开口，城防司令就惊叫起来："日军一两天就要进大同了，各机关撤退在即，你们也赶快撤吧！"

吕调元和李林等回到小南头村紧急开会，决定马上集合队伍，中心区干部依托队伍，向南转移到洪涛山区。①洪涛山层峦叠嶂，雄浑深远，足可藏兵养武（在后来的岁月里，李林和战友们就长期出没于这座神奇的山中）。在此紧急关头，吕调元和李林等人的打算便是带队伍入山，依靠民众，边继续训练，边扩大兵源，边寻机狙击日军。

11日，抗日自卫队集合起来，常规的训练之后，开会进行转移动员。考虑到初次开拔，吕调元讲了话，李林耐心细致地进行了军事部署。

效果还不错，这支习惯了日出而作、日落而息的半民半军的队伍，接受了为避免敌机袭扰而夜间行军的决定。一夜行军30多公里，于9月12日拂晓到达怀仁县（今怀仁市，位于大同与朔州之间，隶属朔州市）鹅毛口村关帝庙前的广场。

---

① 位于今山西省朔州市北中部，与大同市相毗连，面积353平方公里。

由于是首次夜行，大家十分困乏，屁股一沾地就睡着了。突然，敌机轰炸。李林爬起来一看，爆炸点距离广场还远呢，自卫队员们却都跑散了。

一支训练未成的农民队伍，军事成色还很欠火候。李林深感自己带兵经验还很不足，非常痛惜。

9月13日，大同沦陷日，大同中心区成员从怀仁鹅毛口村动身南撤，方向是太原。他们是吕调元、阎秀峰、武养民、李林、张干丞、傅生麟、韩燕如、朱雅珍等20余人。

这是一程一无前途目标的动力、二无交通工具与食宿等助力的艰难行程。中心区一班文弱青年在这匪盗乱兵出没的崎岖山路上，迈开了步子。

每走一段，他们手扶树木或山崖，回首北望。大同越来越远，怀仁也已弃在身后……回望雁北河山，回想51个日日夜夜的辛勤奋斗，他们的温度还留在大同，而此刻却正被践踏在侵略者的铁蹄之下。更心疼的是，自己亲手带起来的队伍，功败垂成。李林两泪潸然。

同太公路拥塞着大大小小各色车辆和枪挑财物的溃兵，军政人员家属也有丢弃衣物包袱的……甚至路边谷地里有被遗弃的婴儿。婴儿在哑声啼哭，李林摸遍全身，除了几张山西钞票，一无长物，她急得满眼是泪……

就是这几张山西钞票，也很快没了。天晚了，空着肚子走了一整天的他们走进一个无人村，进了一户农家院，在厨房的灶台上摸到几块带皮的穈子面窝窝头。他们把山西票放下，就着凉水每人吃两块，压了压饥。夜里，他们有时住在村里闲窑破房，有时睡在公路边的堑壕洞边。在敌机轰炸和乱兵惊扰中，他们一行人不时地离散，同伴在逐日减少。

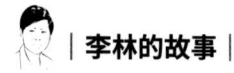

步行到第二天夕阳西下时光，李林、张干丞、朱雅珍和阎秀峰四人进入洪涛山下山阴县境一面山坡。四人又累又饿，正在无计可施，望见山下岱岳城边有一排店屋，其中一所旅店模样的房屋旁边，一伙人聚成一堆，有轻烟从中间冒出来，他们判断这是退逃军士在埋锅造饭。正当他们下山向冒烟的人堆聚拢而来时，忽听远处有人大喊一声"日本人来了"，这些乱兵立刻抹下军帽，消失于百姓人群中。李林四人大着胆子随着难民们到锅边抓了些半生不熟的小米饭包在手帕内，边走边吃……

回望身后，阎秀峰一边往口中塞食物，一边说："岱岳，有名的物阜重镇啊，谁曾想数日间凋弊如此……"阎秀峰这句话，引发了张干丞的悲凉情绪，忽然哼唱起当年学校里的流行歌曲《人面桃花》：

去年今日此门中，

人面桃花相映红；

人面是对人常带三分笑，

桃花也盈盈含笑舞春风

……

李林本来很反感这些"软绵绵"的歌曲，可是，此时此境大为不同，身边的好友唱出了带着上海记忆的歌，引起她一番情肠。她也接口跟唱道：

烽火忽然连天起，

无端惊破鸳鸯梦。

一霎时流亡载道庐舍空，

不见了卖酒人家旧芳容。

一处一处问行踪，

指望着劫后重相逢

……

"……无端惊破鸳鸯梦……"张干丞停住脚步默念着这一句，敏感的眼睛闪出一道惊异的光，好像有什么不好的预感。

第5天的下午，走进一派雄浑苍茫的山峦之下，同行人只有李林和张干丞两人了。他们认得，这是返回到了雁门关下。近关之处，大风浩荡，李林却挺立风中，抬头仁望雁门关，双脚像钉在地上一样，再也迈不动脚步。

雁门关，屏障于塞上内长城的一座雄关，位于晋北代县境内重峦叠嶂的勾注山上，是明朝官方为防备北方游牧民族侵扰而修筑的。传说因古人注意到大雁每年的南北迁飞都一定要经过其中一峰，这座山峰便成了雁门山；雁门山上峭拔的东西山岩之间，有条断崖绝壁夹峙的道路，盘旋崎岖，是个十分险要的关隘，所以叫作雁门关。

"三边冲要无双地，九塞尊崇第一关。"这是刻在雁门关北瓮城门两侧的明代砖雕楹联，概括了它在军事上的战略地位和文化上的历史地位。多少年来，雁门关是"外壮大同之藩卫，内固太原之锁钥，根柢三关，咽

雁门关下。（王宝国摄影）

喉全晋，势控中原，密迩京师"的兵家必争之地，是历代抗击北方少数民族入侵的攻守门户和重要屏障。7月，李林怀抱雄心北上途经这里，她驻

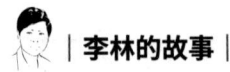

足凝眸，历代英雄们的名字与事迹一一浮现在脑际。

"这出英雄的地方啊！"李林当时高呼了一声，悠久的历史背景，深厚的军事背景，翻涌起强烈的英雄情怀，心中涌起壮怀激烈的感动。只有雁门关上的风云懂得。

谁能想到，仅仅 56 天，她迈着南退的脚步再遇雁门关。此刻，她站在关北，感到这座雄关险塞非常阴冷。她再次联想到古来英勇征战的英雄们，内心充满着壮志未酬的苦闷。

"我在退，我在退……"出了大同城，忍受了一路艰难困顿，都算不得什么；而此刻，雁门关上，一个"退"字给她的刺激是如此的强烈，她怎么都承受不了。退，是她天大的耻辱。李林的内心涌起英雄失志的痛苦，她哭了。记得我步行到雁门关上的时候，我望着那盘曲的汽车路，那矗立的山岭，我忍不住偷偷地流眼泪了。我不明白我为什么要退回来，我什么时候会再出雁门关！①

当他们迈着极不情愿的脚步过了雁门关，令李林惊喜的转折，出现在关内的太和岭口村外大路口，他们在这里迎面遇到三个人。

八路军三个师进入山西，是将要开辟的三个敌后抗日根据地的主力。9 月 15 日，八路军总部向所属 3 个师发出了关于动员群众发展游击战争的训令。训令指出："一二○师主力以灵活的游击战向左云方向袭击，并发动晋西北及绥东群众，首先组织宁武、朔县、神池、五寨、平鲁、右玉、和林格尔、清水河、偏关、河曲、保德地域的游击队……"②为实施训令所

① 李林:《给中央妇委的信》，山西人民出版社《巾帼英雄——李林》1985 年 4 月第 1 版第 9 页。

② 1937 年 9 月 2 日《朱、彭、任关于八路军作战指导思想与具体部署致各师电》，转引自于宁编著《太原会战》，航空工业出版社 2016 年 7 月第 1 版第 86 页。

指任务，围绕主力各需一个地方组织来配套。太和岭口路口这三人，便是中共山西高层于上述训令发出时就安排到雁北平鲁县（今山西省朔州市平鲁区），从平鲁开辟 12 个县范围的晋绥敌后抗日游击根据地，配套一二〇师的。

三人分别是：政治上牵头的赵仲池，军事上扛大梁的刘华香，行政上掌盘子的梁雷。他们此刻坐在太和岭口这个路口，是因为太和岭口设有阎锡山第二战区司令长官的行营，他们先期来到这里要将从大同退下来的同志截住，再等太原的后续人员陆续到达，集结后一起去平鲁。

一行人北上平鲁，公开的目标是组建牺盟会雁北战时工作委员会暨牺盟会雁北游击司令部；党内使命是组建晋绥边委，如上述训令所指，在晋绥地区建立组织，拉起队伍，占据地盘。山西政府的牌子，共产党的行动，一内一外，一明一暗，全看一行人的下文了。

李林随队而行，一行人又会集了大同、太原共 20 多人，在太和岭口行营领取了枪支、电台，乘坐一辆大轿车，北越雁门关，一路朝北而去。

一出雁门关，李林在大同小试锋芒；二出雁门关，李林纵横于内外长城之间的广阔地域，完全融入晋绥边抗日事业及其晋绥边人民群众中。半年后，她就打成了威震晋绥的女英雄。

2

将战日军，先战一个字

赵仲池之遇

赵仲池。（赵簾青供图）

回头说，李林二出雁门关容易吗？简直如一场战役一般的不容易。

李林与赵仲池的太和岭口之遇，最终得到了赵等人的同意及日后的支持。除了遇见，还有知遇的意思在内，这是中国知识分子传统精神的一种，是光耀史册的一笔。但在太和岭口村外的路口，李林站在赵仲池等人面前，也站在由一个字筑成的关口前，她需要战胜这个字，才算过关，才有前路。

"我是李林。"李林一见三位领导，发狂似地高兴，兴奋着又将步出雁门关外了！她带着欣喜的神情向赵仲池等三位领导大大方方地率先自我介绍。说着话，李林一笑双眯眼，亲切，自然。

当时，十分引起我的注意的是李林同志。这位青年女同志，风尘仆仆地，经过漫长的旅途，可是精神还是那样饱满，毫无疲劳的样子。[①]

----

① 赵仲池：《奔驰在长城内外的女英雄——李林同志牺牲二十周年纪念》，科学出版社《赵仲池纪念文集》1999年9月第1版第228页。

但当李林提出要随队北上，赵仲池立刻摇头。

一行人要在敌后极为艰险的环境进行长期的艰苦卓绝的斗争——政治不可靠的不要，意志不坚定的不要，智谋不适应的不要，身体不好的不要，年龄大的不要……女的，更是不能要。赵仲池于1937年1月调到太原担任中共山西工委宣传部长，对李林有所了解，知道她是闽南籍的南洋归侨。此刻，他们对李林讲了北上的目标和前路的艰险，特别强调了雁北地区与闽南自然环境、生活习惯的巨大差异，对她的"发狂似地高兴"不为所动，明确指示她：你是女同志，应当南下，不得随队。

李林哪里肯放过这次机会！她和自古以来无数英雄一样，显示在大事面前的是自己的主见、主张；自己要做的是争取、争取、争取！

抗日第一，机会第一！南洋返国的、曾经名满上海的、名扬北平的、当过总旗手的、访过二十九军的、曾经在大同组建队伍的、从来不怯场的——李林，与三位领导"交锋"了一番，"水磨"了一番。她讲到自己在大同组建过农民抗日自卫队，赵仲池的眼睛亮起来。李林接着检讨说，自己军事管理的经验还很缺乏，希望得到同志们的帮助……赵仲池用意不明地说："你，一个女同志……"没有说完的话是："看不出，你一个女同志，还有带兵的雄心啊？"

李林听了半句，以为他又要拿这一个"女"字拒绝她，心里一急，指着身边的雁门关就地取材，对这个"女"字发起反攻："赵同志不能这样说！在这里带过兵的佘太君和穆桂英，哪个不是女的？王昭君出塞过的不也是雁门关？"李林还历数中国历代女英雄的事例，一阵闽南腔的滔滔雄辩，仿佛把九龙江水引上了雁门关。

李林这种既具有青年学生激进热烈的精神面貌，又富有经多见广的实

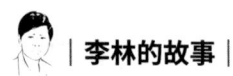

践历练的人物属性，强烈感染了三位领导。而李林所特有的坦荡的气质、逻辑思维与感性思维相融合的表述效果，对于三位领导也是一种说轻不轻说重不重的压力。他们用交换目光的方式开起了小会，那表情比雁门关上的风云还要丰富复杂。

他们的"目光会"似乎取得了某种共识，把开会中的目光转移到李林身后的伙伴，进行征询："说说你的态度，你是她的伙伴，还是男的嘛。"

海水火焰共煎烹

伙伴是张干丞。20多人一路南来，历尽艰辛，几度失散，最终相伴走出雁门关的，只有他们二人。

李张二人在大同的相遇，是一分很好的缘分。一者，张虽是山西阳曲县籍贯，却有上海求学求进步的经历，与晋绥本地干部相比，他二人之间有更多的共同语言；二来，张干丞卓有才干，办事富有效率；三者，张早已从应县特派员职务转来大同担任大同报经理，广有人脉，行事方便。

张干丞是李林愉快的合作伙伴。他同李林到学校开展工作，得到大同三中应县籍学生吴燕昶、侯耀庵等的有力协助。他二人一起召集大会，一起举办演讲，一起开办种种活动。每到事情纷繁复杂时，张干丞总是能获得六十一军军长李服膺的帮助。他们想影响李服膺和赵承绶等晋绥军高官，张干丞总是先拟好讲稿，恭请军长讲话；在"恭请"的形式下，实现了反灌输、反教育，还额外赚取晋绥军的支持，连会前会后搬桌椅、布置讲台，都被晋绥军士兵包了……他们在各学校组织起来一支人数众多的学生宣传队，在铁路工人中发展了一批牺盟会员。大同城内的抗日救亡运动，顶着汉奸打击、破坏的压力，很快打开了局面……

而在李林一方，她豪爽坦荡，待人友善；她干练利索，作风泼辣，做事有担当；她虽面黑脸麻，但一笑双眯眼，"不漂亮，却迷人"。她的内在的魅力发射着征服所有人的光芒。

九月的艰险南行，一路风尘，一路离散，他俩一路相伴，走下了雁门关。他们并肩克服了多少困难，而此刻给三位领导一个态度，也算一个难关吗？

赵仲池等人把冷静征询的目光投向张干丞，李林把期盼的目光投向张干丞。整个雁门关都在屏息静气，期待张干丞的一语打通。

"总得有人向上级复命吧？我要回太原。"张干丞回答了三位领导，把目光转向李林，暗示李林放弃随队前行，南返太原方为正确选择。

李林伸出手指倏然一下直指张干丞的鼻梁，双眼冒出万丈火焰。随着手指颤抖着垂下来，双眼的火焰顿时变成两行长泪，滚滚而下。

静了大半晌，落泪的李林想起了自己在南洋培养起来、在集美树立起来、在北平坚定起来、在太原强固起来的为民族解放而前线战斗的决心，她在西湖边对秋瑾默默表过的誓，她在爱国女中作文本上发表过的讨倭檄文，她在北平见识过的二十九军雄风，她在太原练下的武艺，她在大同虽然失败却也豪壮的练兵实践……这一切，难道都要随着此刻的南退而退出吗？

李林直指张干丞的手指虽然垂了下来，但她那半是海水半是火焰的表情，大约很有些状况。刘华香看看气氛不对，开口救场："李林同志，冷静，冷静。我们重申一下组织上的意见，你是女同志，不适合随队，你……你们，应该返回太原。"

说着，一行人看天色不早，悄然起身，迈步启行，朝太和岭口的行营走去。

太和岭口的第二战区行营旧址。（朔州市李林英雄文化研究会资料图）

"等一等！"李林在他们身后呼叫一声，一步赶到赵仲池面前，要求说："赵同志，我不想退，我要跟你们北上！"

三人深深地望了望她，谁也没有作声，继续朝前迈步。

"你们不同意，我也要去——我跟在你们的后面走，还不行吗？"李林大踏步紧跟在后，声音里满含凄伤："我到了平鲁，会用我自己的行动说服大家，我要抗日！我能抗日！"

"出乎我们意外，几次地，她都用充分的理由说明一定要和我们一起去打游击。在她的坚决要求下，我们没有理由拒绝她了。"①

一行人停下脚步，动容地交换一番目光，赵仲池对这位执着地跟在身后的小个子侨女轻轻地点点头。李林一下子融入这个钢铁集团。

---

① 赵仲池:《奔驰在长城内外的女英雄——李林同志牺牲二十周年纪念》，科学出版社《赵仲池纪念文集》1999年9月第1版第229页。

进平鲁

汽车北越雁门关，于 9 月 18 日下午抵达朔县（今山西省朔州市朔城区）。19 日下午，一行人出朔县，北上平鲁。由于朔平之间没有公路，一行人开始了 80 多公里田野山路的步行。枪支弹药、电台等公共设施也分背在人们的脊背上。

沿着城外的田埂小路行约 20 公里，到一个名叫秋寺院的小村庄，人们都累了，要求休息，赵仲池一点头，众人在村外路边坐了一大片。李林好像并不累，她一个人站在人圈外，满不在乎地举头望着东山头上的月亮。月亮像一张银盘悬挂在天幕，但还清浅不明，李林举头盯着月亮，好像看见了自己目前还不够明晰的处境。

有几位同志踅过墙角撒尿，他们起身时朝李林投来不满的一瞥，悄声议论起来："有她，路上撒泡尿也不方便，夜晚住的时候还不知道要咋麻烦……真是个累赘。"

"别说住了，就是吃饭也吃不到一块儿，就她那南方胃口？管保到了平鲁一顿莜面饭就叫她消化不了，铁绳也拴不住她了。"

这话引起共同话题，一行人中有几位雁北本地人，他们接着不无夸张地讲起了莜面饭故事。话说莜麦是雁北特产小杂粮之一，雁北三大宝之一，耐饥，扛苦（雁北话，意为饭后能承担高强度劳动），还香味浓、营养强。这件特别的好东西却很不容易侍候呢，制作起来，比任何一种粮食都复杂，它要经"四熟"程序才能进食：地里长到成熟，可以收割了，是一熟；打下来需要入锅用开水淘掉它身上的细芒，这是第二熟；淘过后再回锅炒一回，是第三熟；炒出来后磨成面，再上锅进入炊事程序才能食

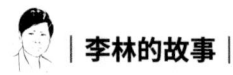

用，是第四熟。有外地人吃了觉着好，产地人却不能赠送。因为，一是它离了"母子土"（产区的水土）就做不好，二是非产区的人吃了难以消化，非得肚胀半天不可。

有这莜面故事，针对李林的话就成了千真万确的真理——

"雁北人一辈子洗两回澡——出生一洗，死了一洗；她呢？南方习惯，一天两洗澡，早一洗，晚一洗。看她来了雁北土窑洞怎么个跌腾（雁北土语，意为不适应的起居）法……"

"俗话说，一方水土养一方人。她小时南洋长大，那是什么地方？是热带；雁北呢，夏天热得没处藏，冬天数九严寒，滴水成冰，冻得人耳朵脱皮、手指头害疮的事情，是家常便饭。看她怎么忍受……"

走完一带田埂小路，爬坡而上又是将近20公里，太阳还没落，月华升起来了，这里是马鞍山村。一行人向老乡打听井坪城（今朔州市平鲁区署所在地），知道井坪是明朝的卫所之一，是朔县与平鲁县之间的最大城镇，离此已经不远。但是，城中大户已经纷纷避难远去，商肆饭馆关门上板，井坪城里已是一片萧索。听到这情况，已经很疲累的一行人，脚步越发沉重，人困马乏，就在村后山坡二次休息。

不约而同地，大家又都把目光集中到李林身上，因为她不但没有坐下休息，而且连身上的枪和行囊都没有卸下来。

我的家在东北松花江上

那里有森林煤矿

还有那满山遍野的大豆高粱

……

李林身负行囊，面对眼前汹涌如涛的群山，忽然引吭高歌起来。这天，是九一八事变六周年的第二天，这夜，不正是中秋节吗？好好的江山，好好的明月，怎么能让侵略者占据……躺卧着的人们听到歌声，纷纷坐起来。眼前的小个子李林，挺立在明月之下，好像天地之间一根柱子。

然而，似乎"累赘共识"已经形成，大家虽然对李林此刻的表现生起了好感，但仍然没有人相信她能做一个抗日的人。

"精神倒是挺好的……"有人摇着头归结说，"一个南方女子，又是南洋华侨，哪能吃得塞外的苦，精神好顶甚用？"

"这猴女子到时候走……是不是得有人送她？派谁送她呢？"说到这里，几个人就把目光投到赵仲池身上，赵仲池的目光也停留在李林身上，但他面无表情，大家也不好再说什么。

一会儿起身，赵仲池示意了一下，就有两位身体健壮的同志自动走近李林，伸手要替她挎枪、背行李。李林早已把队友们的窃窃私语听在耳中，她悄悄抿嘴而笑了。此刻，她一扬肩膀，枪和行李在脊背上正了位，憨笑着反过来替他们正一下背带、整一下行李，然后昂首阔步，前行而去。

23 年后，赵仲池回忆道——

……李林同志和我们一样，背着她自己的一些东西，还有步枪和子弹等。大家都担心她的身体是否挺得住，我和别的同志几次要她把步枪和子弹或其他杂物让给我们一些，但是，都被谢绝了。这样，我们都感到这位女同志竟有这么刚强，就是走起路来，也是这么有力。我们所有的同行者，都深深地佩服她。①

------

① 赵仲池：《奔驰在长城内外的女英雄——李林同志牺牲二十周年纪念》，科学出版社《赵仲池纪念文集》1999 年 9 月第 1 版第 229 页。

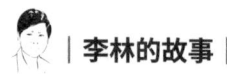

9月20日上午11时左右，一行人跋涉70公里山路，越过外长城下一带山村那土凿的、石碹的窑洞，进入平鲁县城。

平鲁长城。（许卫东摄影）

他们选择的目标，为什么是平鲁县呢？这是因为，在干训班进行到三四个月的时候，中共山西工委就要求干训班受训有成的人员都到基层去创建敌后抗日根据地，却不指定目标地，不做人员配套安排，也不指示一些活动规则；实行的方针政策叫作"三自"：自选地方，自想办法，自找门路。对于来自河南的屈健来说，一个外地人，在山西两眼一抹黑，怎么办呢？就在屈健犯愁的时刻，也是他运气好，他偶然遇着了一个平鲁人王绶，说"我给你写个信，你带着信到我们平鲁去找我哥，他准保能照应你"。

王绶的哥哥叫王缮，是平鲁高小的校长，在当地享有极高的威望，他以自己高小校长的便利条件，着力掩护屈、康二人开展工作，想方设法地为他们提供各种便利。还特意安排他们到平鲁县第一高小任教，以利用教师的合法身份在教职员工及学生中间广泛开展抗日宣传，发展牺盟会员。在屈、康二人深入平鲁县的短短几个月里，全县参加牺盟会的人士猛增到 3000 余人。[①] 有意思的是，王绂是共产党员，王缮是国民党员；在国共合作的背景下，国共兄弟俩帮助牺盟会的屈健在平鲁打开了合作抗战的局面。由于屈健打开的局面，才有中共山西工委安排赵仲池等一行人北上的。

牺盟会特派员屈健等人，已经在这里播撒了国共合作抗日的火种。但是，日军不断逼近的消息使小城往昔的秩序荡然无存，战争给社会带来巨大的改变。原先的政府由于守着正面的衙门，不得不回避战争锋芒，撤退的撤退，转移的转移。牺盟会是群众组织，中共是还没有掌握政权的政党，在这时候，恰好是他们游于民众之海的用武之时。而对于人心惶惶、一片混乱的县城百姓来说，一行人在这时候到来，简直是大救星从天而降。

一进西城门，李林看到有群众在关注他们，她对赵仲池提议说："咱们何不唱起歌来呢？"

赵仲池欣然点头，李林已经摸出了她的口琴，一手抚琴鼓吹，一手随即扬起节拍，领唱起来——

日寇铁蹄踏中华，

国难当头匹夫有责。

仁人志士爱祖国，

---

① 李大宏、李人钧：《王缮——优秀的党外布尔什维克》，《文史月刊》2018 年第 11 期第 4 页。

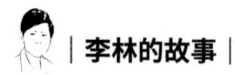

赴汤蹈火都不怕!

……

国共两党一条心,

团结起来打日本。

枪口一致来对外,

游击战争保乡亲。

……

踏着歌声,一行人健步入城。在他们身后,城街上的人群由疏渐密,远远近近涌来。人们先是用审察的目光打量他们,他们自己也相互审察起来:赵仲池和傅生麟、韩燕如穿着四个兜的干部服套装,赵是浅灰色,左上方口袋里还别着一支黑帽白钩的水笔;傅、韩二人一蓝一黑,打有补丁。梁雷、武养民、任晨、柏玉生四人则穿着黑色的警服,任晨的裤子是另配的黄色呢料军官服;刘华香、阎秀峰、王平、郭子杰、李寒等人则有的是晋绥军装,有的是疙瘩扣对门衫,有的还是长衫大褂。只有李林,她从太原军政训练班穿出来的全套晋绥军军装,经她洗补,穿在身上倍显精神。

街上的人越来越多,这支色彩斑斓的队伍也只得越走越慢,他们看出,人们需要他们发声了。一行人驻足在十字街口,与平鲁县城的老百姓开始了对话:县政府在哪里?县长在吗?大家有没有抗日的准备?

塞外小城的老百姓半是认可半是犹疑地看着他们,人们目光中的审察,换成了期待。有一位白发苍苍的老人激动之余,跪在地上含泪呼喊:"救命恩人来了!"

平鲁人奔走相告,一传十,十传百,更多的人拥着一行人进了县政府院子。一时间，政府院子喧闹起来。一行人见机行事，当即决定，不进办公室，不放下行李，就在这里召开群众大会。

赵仲池对群众讲了他们的来历和意图，讲了牺盟会的抗日宗旨。他的大意是：虽然县长跑了，但我们这一行人是牺盟会的，也是阎长官派来的；县长做不到的，我们要做到，我们要和大家一起抗日。

李林接着讲话：

"父老兄弟姐妹们，日本人欺侮到咱们的家乡来啦！咱们怎么办？当亡国奴？不！咱们誓死不当亡国奴……咱们国家原本是一条病龙，现在，我们有了合作抗日的统一战线，这条龙病好了，要飞起来啦，我们要做自己国家的主人！每个老乡，都要做自己家园的主人！"

"你听你听，她是个女的——'小红娘'啊！"

"快来看看，牺盟会有一个女官！"

"……"

百姓们一听她的女声嗓门，纷纷向她投来惊奇的目光，嘈嘈切切，一阵议论。

平鲁社会上自古流传着女英雄小红娘的传奇：1800 年前的五代之时，后汉国被后周所败，余部飘流至雁门关外塞上之地。后周皇帝郭威的夫人肖红娘（当地衍称为"小红娘"）能征善战，率军北上扫清后汉。"小红娘"爱民爱兵，在战斗中为保护士兵而中箭，途经平鲁因缺水口渴，引发箭疮而死。士兵们一人一掬土，将"小红娘"葬于平鲁县的红义村附近。后来，平鲁人民为了纪念英勇而善良的"小红娘"，改红义村为红娘墓。

这时，在李林演讲中，有人议论说："她也说'不当亡国奴'，这话，倒是和孙县长在的时候说的一样，就是不知道他们走不走……"县长离县

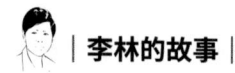

而去，成了人们的心病；此刻，"走不走"三个字，是人们心头最大的悬疑。所以，人们忍不住问了出来——

"当不当亡国奴，我们毛头百姓又有啥办法？"

"你们能住在平鲁和我们一打打（平鲁话，意为一起）不当亡国奴吗？"

"你们到本儿（平鲁话，意为到底）是牺盟会，还是共产党？"

……

李林最喜欢有人提问题、发议论。听了平鲁百姓的提问，李林讲道："老乡们，如今咱们山西是国共合作啦，牺盟会也好，共产党也好，都是抗日的队伍。我们来了就不走啦，我们来的目的就是领导咱们老百姓自己起来打日本，不当亡国奴……"

说到这里，梁雷指着李林，向大家插了一句："老乡们！这位女干部是李林同志，她还是位归国华侨呢；连华侨都从太平洋那边回来和我们一起抗日来了，大家还顾虑什么呢？"

"哦！"平鲁人没有鼓掌的习惯，大家交换着惊奇的目光，轻轻地起了一阵吁叹之声，都把更加敬重的目光投向李林。李林指着群众中一个提问题的人，接着他的话头说："你问我怎么办？我要打日本，我还有我手里的枪呀！"

她把手中的步枪有力地举起来。接着还生动地讲了"游击"理论，说明游击战是一种抗日的好方式。

一座闭塞的塞外小城，迎来了一支特殊的队伍。一个华侨女兵，举起了一支有号召力的步枪。这个情景，平鲁人永远不会忘记。

他们说的也是政府的话，但他们说出来的，有的县长从来没说过。他们说的也是阎锡山，但他们带来了县长从来没有过的笑容和气色。而他们所讲的，和前次庙会时屈健特派员所讲的完全一样。这股子色彩斑斓的人，给平鲁县老百姓带来的新意识至少有二：第一条是树立民众信念，使大家从政府撤离后的失落感中解脱出来；第二条是接受了游击战争的概念，扭转民众中那种传统的对政府的依赖观念。

"在群众情绪激昂的大会上，李林同志讲了话，大家以惊奇的眼光注视着她。因为她个子小，就特地找了个凳子，她站在凳子上，手里还拿着她那支步枪，用那流利的口语，慷慨激昂地讲演起来……从这开始，她就给平鲁人民留下了不可磨灭的印象……"①

对于平鲁县的老百姓来说，这一行人还有很多未解的谜；但里面这位南方口音的"小红娘"，着实让平鲁县的老百姓相信了。一行人使群众入心入脑最深的，是李林的讲话。由于她个子小，有人自动搬来一条长凳，李林短发一摆，跃上凳子继续她的即兴讲话。

"我，我想现在就报名当游击队。"一人挤到李林的长凳前，伸着右手的大拇指和小指，比画着他的名字，说"我叫侯六"。

"我叫茹西财，给我也报上！"

"我，贾瑞！"第三个人在后面扬着手呼喊。

长凳又变成了现场办公桌，李

李林平鲁演讲，群众搬来长凳。
（平鲁区凤凰城镇供图）

① 赵仲池:《奔驰在长城内外的女英雄——李林同志牺牲二十周年纪念》，科学出版社《赵仲池纪念文集》1999 年 9 月第 1 版第 229~230 页。

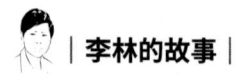

林跳下来俯凳而记，登记了当场报名的 16 名青年。

正当一行人与平鲁群众交融起来的时刻，又有两人欢笑着进了大院，他们便是先期在此打开局面的牺盟会特派员屈健和康庄。他们这时住在县城以北 1.5 公里的三里庄，有人跑来报告说："屈特派啊，你们牺盟会的人来县啦！好多多哩……"二人立刻进城，一看，多数人是在太原军政训练班上眼熟的战友。

县政府的炊事员是本城人，屈、康二人已经与他相熟，屈健打个招呼，炊事员给大家做了一顿平鲁风味的美味快餐——抿豆面。豆面和粉面是食堂存着的，臊子是附近群众从家取来的鸡蛋和地皮菜炒成的。豆面出锅时，那位在大街上喊救命恩人的老太太端来半罐子自酿的醋，口中念叨着"油荞面，醋豆面"，给每人碗里添一勺。

饭后，炊事员打开了县政府的办公室的大门，屈、康二人和一行人回忆太原，谈及大同，共话平鲁。

激动的屈健，与一行人长谈不止，他向不期而会的李林数度投以深深的目光。李林却总在口手不停地忙着，她一边接应着来访群众，一边不停地在纸上记录。屈健与众人一一相见，没有发现那位姓张的精干人物，心里莫名生起一丝欢悦。

这时，早有五六个女孩子攒拥在李林的门口。

平鲁，本属思想观念落后封闭的地区，女子抛头露面，是被看作有伤风化的事情。但李林这一出现，一下改换了百姓的脑筋。此刻，在李林的房门前，一伙女孩子议论纷纷："人儿（雁北话，意为人家，含有敬意）也是个女人家，看看多厉害……"

李林正在和赵仲池、梁雷等人研究如何安排刚刚报名的人，女孩子们在门口叽叽喳喳，李林开了门，爽朗地抬手让她们进屋，女孩子们你推推我，我推推你，走不进来。李林发现这一簇女孩子中，有一个虽粗衣土布却难掩天生的艳丽迷人；而说话的却是一个平朴得让人难以发现的姑娘，她脸红着，嗫嚅了半晌，才说清她们几个女子们也想报名，但顾虑自己连枪也不会拿……

"谁一生下来就都会？"李林哈哈一笑，又说："再说了，抗日也不全是拿枪打仗呀，唱歌、演戏也是抗日。"

李林把女孩子们的姓名、住址登记起来，让她们明日再来听消息。她们走后，她与赵仲池交换了一下接收女孩子的意见，赵仲池沉吟一下，说也可以个别接收。

第二天，姑娘们又来了，那位鲜亮的人物也还在，却是昨天说话的最不显眼的那个姑娘刘仙荣被李林当即接收。

从今之后，平鲁社会上，凡有妇女们激励或鞭策女孩子时，往往说出李林米："看人家牺盟会里那个华侨李林，多有出息！""看人家李教导员，多威武哩！""看人家李委员，多能干哩！"

刘仙荣平日里在伙伴们中算个不起眼的，此时一下子成了受牺盟会的"女官"看重的人，其他女孩子对她好不眼红，都盼望着哪天也能跟着李林走。李林当时回复说，慢慢来，工作展开后会接收大家的。

出平鲁

9月底，日军一度占领平鲁城。

在日军侵袭之前的一周时间里，一行人会合了屈健、康庄二人，做了一系列基础工作，主要的是五件大事。

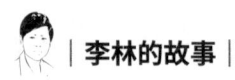

第一件事：成立组织。在县政府召开会议，晋绥边机构组建而成。机构名称与领导成员名单如下——

山西省牺牲救国同盟会晋绥边区战时工作委员会主任（中共晋绥边工委书记）、雁北游击司令部政治部主任　赵仲池

雁北游击司令部司令　梁雷

工委下设四个组——

军事政治组　组长，刘华香；副组长，康庄

组织组组长　屈健

宣传组组长　李林

动员组组长　柏玉生

公安组组长　任晨

第二件事：肃政稳民。组织建立完善后，针对官署旧人员与动摇势力，进行肃清、教育、争取、合作。以牺盟会名义将弃城而转移至本县耙齿沟村的县长孙家瓖与公安局长撤职，并强行带他们随队行动。这样一来，有县长夹在里面，晋绥一行人的威信更稳固。

在县城周边的郑家营一带，有东北骑一军一个班的部队为害乡村，晋绥一行人围攻并收纳了他们。

针对群众还没有完全消除的恐慌情绪，一行人进行了关于疏散、转移的指导和安排。

第三件事：队伍开张。屈健动员起来的李精忠练功的人近百名，连同晋绥一行人初入县城招到的人，也还颇具规模。但这毕竟是一群聚合的民众，需要有组织形态的、军事形态的，更主要是经济支撑的系统性安排，才可能成为一支抗日队伍。开门第一事，便是食宿和兵营。这时候，民间力量和老百姓上场了。刚刚成立的战时工委中的动员组出马，向老百姓——主要是财主们——要钱要粮。动员组是个组织，组织就意味着政权性质，有权开收条。当一沓马粪纸①变成写了文字的小纸条，分流到民间之后，这个双重身份的组织和它的队伍，就以有钱有粮的"官军"形态，在平鲁成立了、运转了。

第四件事：会见陈长捷。闽籍将军陈长捷是阎锡山得意干将，时任晋绥军第一预备军中将军长，驻军平鲁县以北的三层洞村。由屈健约见，赵、屈二人于9月22日到三层洞做了会谈，共同分析前线日军动态，约定了协作的路径和办法。

第五件事：杀李树德。李树德曾任晋西的石楼县长，在红军东征时他曾奉命率部抵抗红军。国共合作以后，他回了平鲁县。当屈健等人利用庙会机会宣传抗日时，他也登台，说：日本人来自蕞尔小国，他们来华是兔子尾巴——长不了，可是他们喷头子（平鲁土语，指出场气势）硬，咱好汉不吃眼前亏，打不如等，等他们自己走。

他还散布针对中共的言论说：我在石楼县任职时知道共产党是咋的回事儿哩，他们的红军名为东征抗日，其实是进山西抢钱财，他们的话还能信？如今共产党说甚的游击抗日，其实是借日本来华的机会给自己打闹（平鲁土语，意为掠取）江山哩，咱们跟共产党走，就是"被人家卖了还帮人家数钱"哩！

一行人在平鲁数日中探知如上情况，经研究，认为李树德损害中共形象在前，附身于日军当汉奸的可能性在后，把他留在平鲁，一行人所创造

① 当时民间小作坊生产的纸张，因工艺粗糙、色如马粪而名。

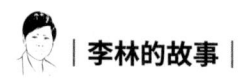

的抗日影响就会被抵消。屈健、刘华香与任晨将李树德诱至平鲁县九墩村的碌碡坪，以牺盟会组织名义予以处决。

五件事办毕，日军逼近了。临近平鲁的右玉县威远堡于 9 月 25 日沦陷；26 日，晋绥一行人转移到了平鲁县城西部 26 公里的达达井村，在这里休整三天，继续开会。当头一项，便是讨论撤退。日军正在进占平鲁，老虎出山，冷风先行，不少人害了恐日症，提出南撤太原。这话让集美女生李林听来，一股气荡动丹田，校主陈嘉庚的四字精神摇荡在心口——

公——永无止境的奉献，忠——永不动摇的爱国，诚——一言如山永不毁诺，毅——永不言败的坚强。尤其是"诚毅"二字，校主靠它成就了一代伟业，它成为集美校训，成为华侨灵魂。

"我们这次来了就不走啦！"这话是我李林说过的，也是组织上北出雁门关的宗旨。李林心里一股气不能平静，她要说话。在太和岭口的路口，她把自己作为非组织状态的随行人身份，才得以随队北上。到平鲁第一天晚上宿营，一行人为了安全，都上了北固山。李林却没有和大家一起上山。一天的工作做完了，她已是这座小城吃香的客人，她这个被伙伴们看作"累赘"的人，和平鲁县城的女子们交上了朋友。闽南侨女和塞上妇女相融合，这在两头都是极强的兴奋剂。李林利用自己的优势，有效地促进了组织上的工作。来到平鲁，她给大家的印象逐步好转，她的地位节节上升。

"现在撤了，是什么影响？我们动员了人员，动员了钱粮，然后一拍屁股走掉？太对不起平鲁人民了！"达达井会议上，李林很有底气地第一个发言，边委诸人点头支持。

赵仲池在新政权建立后曾多次回忆说，这个小女子给我的印象，一路上不断转变，到达达井会议时，"我对她更加敬佩了"。

接着，全体成员举手表决，愿留者留，愿去者去。李林第一个举手要留，大多数人与李林同。未举手的，共有 7 人，他们大多是被收在队伍中的旧政府人员。

达达井会议做出第二项决定：一行人西下偏关——这算是撤与留的一个中间地带。

一行人从平鲁县的达达井出发，经由平鲁县的九墩、将军会和隶属偏关县的老牛坡、五眼井、口子上、[①]银子嘴、花园、则沟等村，于月底转往偏关县城。

一带苍莽大山之下的北堡等村庄，当年平鲁、偏关、清水河三县交界地带。李林等西下偏关途经，也曾播下抗战火种。（王宝国摄影）

离开达达井村时，村里的小男孩二和子[②]也想跟随。经请示赵仲池同意，二和子与李林的上下级缘分从此肇始。

二和子是达达井老财王占彪家的孩子。达达井这个村尚武，村内王姓历史上曾出过武举人。二和子才 11 岁，但他受族人爱好练武的习染，爱骑马，爱唱戏，不念书，连自己的官名也不甚清楚。自从晋绥一行人进了村，二和子看见牺盟会里有一个大姐姐态度可亲，还带着个比他大不了多

---

① 此三村于 1949 年划归内蒙古自治区清水河县。

② 名王海林。李林牺牲后，到延安参加中央"七一剧社"。1949 年后转业到山西省某剧团，为山西省政协委员。"文革"时期因家庭成分高而受打击，下放到原平县（今原平市，由山西省忻州市代管）化工厂；后调到太原化工厂机械科工作。其本人及其全家长期从事戏剧表演，曾为山西省各地剧团做指导和顾问，艺名"二虎黑"。

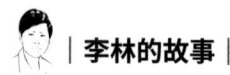
少的小姐姐刘仙荣，二和子就跑出跑进想靠近。因为本村王家已经出过共产党，老财王占彪同意了孩子跟随"红军"的要求。

其他同志提出：二和子虽然人小，可以带；刘仙荣不带，因为女孩子不方便。但最终，李林说服大家，二和子与刘仙荣都带上。

她同时为刘仙荣改了名："参加抗日队伍，就不分男女，也就不要女人气象，先改了名字，改成刘震——要像英雄一样震动山河。"

接着，启行西下偏关。

选择偏关的原因大致有三。一是偏关与平鲁、朔县、左云、右玉等雁北县份同属阎锡山政府新划的山西七大专区之第二专区；二是日军目标在于面南直指，无暇顾及黄河岸边一隅小县，抗日力量正好借机借地发育成长；三是因有偏头关而得名的偏关县西临黄河之滨，北靠绥远，东接平鲁，宜守宜攻，也是兵家必争之地。

第六章

威震晋绥，马踏
高原

1

文武两兼，兵起偏头关

练兵肃匪

1937 年（民国二十六年）9 月 30 日，一行人踏着暮色走进偏关县政府院。院里垃圾零乱，纸张随风飘舞，一看便知，政府官员已停止了办公。当院站着一位穿黑长衫的老者，看见一行人，向里望一眼，又向外望一眼。梁雷开口发问："先生，你们县长在哪里？我们是牺盟会的。"

黑长衫老者沉吟间，下意识地朝院子后部几间房子一指。一行人走进县长王华杰的宿舍，看见他正准备趁夜逃离偏关，就针对他而开始办公。王华杰听了一行人宣布的牺盟会战时工作宗旨与大纲，摇着头说抗日绝无可能，他要辞职离县。

一行人写成报告送达山西省政府第二专区。批准令到达之前，一行人对王华杰缴械，并宣布：你随同组织一同活动。直至 10 月中旬正式批准撤销王华杰县长之职，将他驱逐，由一行人接管县政府，梁雷任县长。

李林在到达偏安县之际即担任县妇救会（妇女救国会）秘书，10 月份兼任县武装部长。她的工作在文武两头全面展开，主要工作是一边出色地完成组织上交给她的"文工"——为培训班上大课，一边着手组建游击队。这期间，李林还配合、对接一些其他方面的政务工作，比如：八路军总部秘书曾山、兵工营政治处民运股长王道三先后来县，接待他们并陪同视察了游击队的训练现场；以武装部长身份与武养民、任晨等人在县政府机关、公安局、老营镇分别建立党支部组织。

"大家决定了我担任武装工作。不，开始的时候，许多同志不赞成，不让我负武装的责任，他们总以为一个女的干武装工作多少有点不合适。但我自己对这工作好像有些自信力，又有兴趣，同时觉得在这时候妇女也应该有学军事的必要。我坚决地要求，大家没有办法，答应了我在偏关发展该地的游击队工作。"①

招兵买马，扩军练兵，谈何容易？但取得了老百姓的信任就都不难。在李林的心里，带队伍上前线作战是一定的，作战获胜也是必然的，组建队伍当然没有任何悬念。在踏上偏关的土地那一天起，李林意识中的游击队就已经有了，只不过是战士们散在民间，需要自己去收拢回来而已。

首批队员是县长梁雷从监狱里放出来的十几个冤案犯，有了基本人马，李林乘势活动，开始在社会上征兵。

这里，看看她是怎么取得老百姓的信任而组建队伍、训练队伍的。

有一次，李林带刘震西出县城以西乡村调研，返城途中路经下尧王坪村一块菜地，看见农民在起菜，李林向农民买了一斤辣椒，一边用手帕包起来，一边招呼菜农席地而坐，聊起天来。

偏关人的共性是和善，李林就从他们的和善说起，她说日军侵略来了，他们不可怜和善的人；那时必然有恶霸变成汉奸狗仗人势欺负老百姓，我们好老百姓谁勇敢谁才能保护得了自己。

她讲日寇残暴，但抗日必胜，这是因为他们打的是侵略战争，不合民

---

① 李林：《给中央妇委的信》，山西人民出版社《巾帼英雄——李林》1985年4月第1版第10页。

心，国际上也不支持；我们打的是反侵略战争，民心所向，国际社会也都在关注我们——我们身后还有无数华侨支持我们。

她也讲了从古到今那些保家卫国的英雄们，当抗日的兵，将来也像他们，是一分光荣……

起菜的男人坐在镢柄上抽着旱烟，听李林讲到当英雄，就接起了话头："李队长说得好，就像我们偏关的万世德①就是一位古代的抗日英雄，偏关人世代尊敬，还因他留下'万人会'的乡俗……"

起菜男人说着话，把烟嘴停在嘴唇上，凝视李林。李林看出老乡话里有话：我们要当兵，那也要看跟了谁合适。你这位南方女学生，你自己比得上万世德吗？你能带领士兵们做了英雄吗？

好啊，就从万世德率军入朝痛击侵朝倭寇说起："现在呢，还是万世德抗击过的倭人，他们侵略到万世德的家乡来了，家乡人民怎么办？要像万世德一样起而抗日！"李林接着讲偏关游击队现在归牺盟会管，将来还要受到八路军的领导，这都比明朝的万历皇帝强得多……起菜男人听得入迷，烟嘴离开了嘴巴，在膝头上飘着细烟。

"我们偏关既然出了一个万世德，就不会只有一个万世德，就到了再出许多个万世德的时候了！"李林讲着，散发着一股精气神，令人相信，她身上散发出来的便是岳飞、郑成功、秋瑾的英武气，也有万世德的气概。老乡们纷纷对她点头，李林感觉到了群众对她的信任，她让刘震取一

---

① 万世德（1547–1603），字伯修，号邱泽，晚年更号震泽，山西偏关县人。1571年（明隆庆四年）中进士，初授南阳令。后出任陕西按察使金事、山东按察司副使等职。1597年（万历二十五年）2月，因日本侵略朝鲜，而被提升为督察院右金都御史，专管海防军务。1597年（万历二十五年）被万历皇帝派到朝鲜抗击日本丰臣秀吉的侵略，获大胜。1600年（万历二十八年）班师回国，任蓟辽总督，又升为都察院右副都御史兼兵部右侍郎，特赐一品服色。逝后获赠太子太保兵部尚书衔。

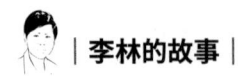

个小本子把他们的名字和住址一一记下，约人家来再谈。

说着话，李林忽然感觉到身后人多起来了，回身一看，远近几块地的十几位农民都聚拢而来。原来，她已经不知不觉开了一个菜地抗日动员会。

第二天，就有刘姓父子俩来投奔了李林的抗日游击队。

又有一次，李林带刘震到偏关城西4公里的阎家沟煤矿去，李林仗着自己身体强壮，还跟着工人爬进那狭小幽曲的窑坑背了一次炭。她和背炭工人爬出窑坑，也成了一个"黑人"，这使矿工们把她当作了自己人。趁片刻休息，她问工人一天能挣多少钱，家里几口人，日子过得怎么样，一个牺盟会的"女官"关心起了煤窑工人的命运，工人们好感动！他们七嘴八舌诉说着各自的心里话。看见工人们起了热情，李林就用浅显的话语讲穷人受穷和社会不好的关系，讲社会不好国家就弱，就遭日本人侵略，讲穷人的出路只有大家拿起枪杆子打日本，然后建设一个合理的国家。

不久，13名煤矿工人加入游击队。

县城井台上五六个十五六岁的男孩一起投军李林游击队，是因为他们听说这个部队既能练武，还时常唱歌；而且部队的女官长非但不打骂士兵，还关怀士兵的冷暖。他们的家长们等不到孩子们挑水回家，到井台一看水桶和担杖乱扔了一片，当时免不了慌乱起来，做出种种猜想；但偏关小县，一打听全知道了，对于孩子们入了李林的游击队，没有二话。其中的李生，[①]历练数年，成长为李林游击队改编后的八路军一二○师雁北独立六支队骑兵营侦察排长；出生入死，久经战阵，于中华人民共和国成立后

---

① 讲述人李泽民（讲述时为朔州市公安局朔城区分局副局长）之父，讲述时间：2016年11月4日。

转业于洪涛山以东的山阴县。

战士李堂来自平鲁县西南部的白殿沟村。李堂小李林四岁。他投身于李林游击队，家里为了阻止他当兵，在他到偏关后几个月就安排其回家结婚。李堂回村结婚，说他的李队长非常神勇；他跟着李队长训练，"行军路上每人要背包扛枪带9样东西……"他把婚礼办成了偏关游击队的宣传会，婚礼后即把新娘子扔在家里，立刻归队了。

征兵，就要征枪。除了向民间征收了一部分老式杂枪，李林找到了途径。

李林解决一切问题的法宝是走民间道路，一有空就跑到老百姓家中。李林一进老百姓的家门，一问家里几个孩子，读没读书；二问村里有没有恶霸欺负老百姓；三问村里有没有童养媳，童养媳受苦没。问着，就接了活儿：帮老百姓辨研家谱、品说古物、讲说天下大事……给老百姓代写家信是最多的。

有一次，她代一家人给他们在外的儿子写信，做父亲的叮嘱儿子："你回来的时候，不要为省钱走山路，咱偏关如今土匪多……"李林立刻警觉起来。她知道，秦汉时期，匈奴队伍时不时南下侵略，糟害关内百姓，这个底子并没有完全消除。经详细调查，李林了解到很多绥蒙地区的土匪顺着这条黄河大道，南出偏关，侵害人民。土匪弱些的，夜抢日行，没有定踪；强悍些的，则就在本县择山而驻。如今日本人侵略而来，有些土匪就打上抗日的旗号，公开勒索民财。目前，正当秋收结束，土匪们的目光早已盯向了农民的粮仓。

李林经与赵仲池、梁雷商议，认为带队伍进行肃匪，既能训练了部队又能保卫人民，是游击队开拔到抗日前线之前的必要行动。李林选调本地

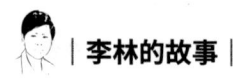

战士走访群众，寻找到土匪具体线索，先派 5 名战士到县城以北各大山侦察。侦察战士至夜未归，李林担忧他们落到土匪手里吃亏，当晚，她流着泪一夜没睡好，次日一早即带兵北进。

行有 30 多公里，望见前面大山苍莽，有多处土筑的堡寨，高高的烽火台矗立在逶迤的长城上。问偏关本地的战士，知道这里是草垛山，那些堡寨是明朝时修下的。她断定这里必是土匪巢穴，拍马直进，听见了马嘶。

错落于山势间的十数间石窑，看样子像几十年前一座大型牧场，这里果然驻有一帮为数近百人的不明来历的队伍。每间石窑洞上都设有标志，后一排的窑洞墙面上斜插一杆黄旗，旗面白边黑字绣着"抗日救国北路军"。第一排中间一间无底的窑洞前有人横着枪阻拦，大声发问："哪部分的？"李林用脚踢开他们的枪，率队走进后一排。黄旗下出来几个人，其中一个穿有皮坎肩的大块头人物叉着双腿横在李林面前，他手里是一支红玉的烟嘴，缕缕轻烟从烟嘴上飘起来。

李林已经知道了他的大号，她把手里的枪往腰间一插，向对方拱拱手，叫道："金刚钻，你留下我的 5 个弟兄；如今，我也来了——我是偏关县武装部长李林。"李林边说话，边下马，不等来人礼让，带刘震和王海林径直走进黄旗下一间大屋。李林背着手威风凛凛地站在当庭，致使随后回屋的金刚钻坐不回他的宝座，只能站在李林对面。

"看你有旗有号的，我也不能把你当作土匪。"李林对金刚钻说，"兄弟们真想抗日，你可知道全国抗日形势？你可知道国共合作抗日统一战线？你可知道无数的南洋华侨怎样支援祖国抗战？"

李林用严正的口气告诉他，自己的队伍正是政府第二战区的兵，是牺盟会领导下的游击队，是官方部队，是要把日本侵略军赶出中国的兵。

李林凌厉地盯着"金刚钻"，脸上闪动着吓人的威势。一个操着南方口音的女将军从天而降，"金刚钻"知道这就是在偏关城办游击队的那位有名的南洋华侨。他算是开了眼界，不自觉地喘了一口气。李林调整一个姿势又说："当然啦，我们也知道，你们抗日不抗日，先得生存……那么，你是不是和政府合作了更好些？是不是在取得民心方面下些功夫更好些？"

"金刚钻"又敬又畏，两眼珠从李林脸上掉转下来，口称"得罪"，放出了5名游击队员。队员归队了，李林严厉地盯着"金刚钻"的眼神并不转移，"金刚钻"当即赠送了李林三条毛瑟枪、三褡裢子弹，作为赔情。

离开草垛山时，李林上了马，扯住缰绳挥臂环指一圈烽火台下的山势，说："好一个练兵演武的地方啊，我不会忘记这里。"言罢，回看一眼身后的"金刚钻"，策马离山。

这件事成为一个重大启发，李林率队接连肃清和改编了偏关周边的几个土匪与杂牌队伍，包括草垛山上的"北路军"。她不但用缴获的武器武装了自己的队伍，还为民除害，消除了匪患。

李林的队伍，在开拔到抗日前线之前就已名震黄河两岸。

菊花青

俗话说："南人行船，北人骑马。"而南洋侨女李林练马，却是一段令人印象深刻的故事。

南洋侨女李林在黄河东岸小县一隅招兵买马，大办偏关游击队；红军老将刘华香剑指绥南，建起六支队，有训有战，还缴获了一匹烈马，送给

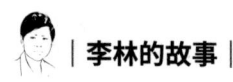

了李林的偏关游击队。王海林是首长警卫员，而且爱马，即接缰在手，正要试骑一下，却被马咬了一下。送马过来的战士赶忙说明：马的前主人是一位蒙古王爷，惯下了尊贵性子，一般人不能近身，需要他来直接传授战马饲养员，驯马的事慢慢来。

烈马，必是宝马。此马身高八尺，体长丈二，颈脖如弓，长鬃如云；前胸宽阔，骨架健美；四腿匀细如铜柱四立，四蹄圆大如倒扣之碗。众人久久围观，送马战士指着马身请大家特别关注它的皮毛：马浑身青铜油亮，撒满铜钱大的"雪花"，此外别无一根杂毛。送马战士说，马的名字叫"菊花青"。

刘华香为什么大老远的送宝给李林？这位战士没说，李林也没问。

送马战士走后多日，除了手端草料筐箩的饲养员，别人谁也不能靠近。这天，又是一番众人远远围着烈马空余赞叹的场景，李林外出开会恰好返回营地，她倒背双手，走进人圈。

"我来试试！"李林轻轻淡淡说了一声，身子已经站到马前。大家正要阻止她，话还没说完整句，李林已经冷不防从马的左前侧直插而进，手抓马鬃，脚下一跃，飞上马背。

菊花青大怒，双前蹄直立腾空，脖颈一抖，对天一鸣，长鬃飞扬，马身上的肉一块块跳动起来，把李林远远扔出人圈之外。战士们赶紧围拢来扶她，她的脸面被摔得血青肿胀，腿疼得站不起来。但是，她毫不畏惧，揉着腿，踉跄而前，再次走近菊花青。在战士们的惊呼声中，李林轻轻一笑，她的手已经再次抓住马鬃。

战士们看劝阻无效，赶紧上前，要替她拉住缰绳，被李林喝退，自己把缰绳紧拉在手中，她如打雷般高喊一声，随声再次飞上马背。战士们只得四散开来，护卫在马身边和道路两侧危险地形。从草垛山上的"抗日救国北路军"收编过来的战士忙中补话，给李林提示了驯马的几个要领。再骑再摔，再三再四；马烈人强，人吼马叫；人心马性，强强相搏。从营房大院到街头，蹄声杂沓，尘土掀天。

当李林高叫一声第五次跃上马背时，菊花青扬着头长鸣一声，载着李林迈着轻悠舒缓的步子上了路。然后，菊花青的步子平稳而有节奏地徐徐加速，一阵风向着野外疾驰而去，身后，细雪与黄尘荡起一道尘烟。

游击战士们登上营房顶遥望，许久，那道烟雾从晾马场回到视野，李林和她的菊花青像寻常的一次出征，返回驻地。

李林跳下马背，微笑着抚摸马的脸、马的颈，菊花青勾回头来，在她的肩膀上喷出一串响鼻……从此，一人一马每有相近，菊花青就欢快地嘶鸣一声，朝李林三扬其首。

"李林本事大得很，她骑的马，是六支队的人送给她的。因为，别人驯不了，但是她给驯过来了。"田瑞卿说。[1]

从此，李林与菊花青成了抗日战场上相识相知的战友，这在整个晋绥边区都是一段畅快淋漓的英雄传奇。从此，李林练马练战，得心应手，练出了精湛的骑战之能，也练出了更大的军事自信。

右玉抗战老兵赵刚回忆到李林练马的真经：我们通信员最喜欢给李林送信，因为能趁机问她战斗经验。有一次我们请教她骑马："李委员，听说你骑马，马扑倒了你也摔不下来，你是咋贴在马身上的？"她打我一拳，说："不告诉你，叫你自己练。"我又问："听说你的马受伤了还能跑30里，

---

[1] 刘雪明·《往事并不如烟》，《乌鲁木齐晚报》2015 年 11 月 26 日 10 版。

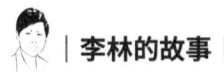

它是神马吗？"李林做出双手紧抓着马缰的动作回答说："只要你不松开缰绳！"

李林对于战马之爱，大约是件非同寻常的事情，她兴奋之余，还为此创作了一首歌，自己吹着口琴配上了曲子。这首歌从偏关游击队传唱到晋绥各游击队，曾经风靡一时，李林的英雄威名伴同驯马传奇，从这首《心爱的战马》歌曲开始——

我心爱的战马

当黄色的风沙吹起在沙滩上

我的战马快如飞

飞过山岳

飞过平川

风啊

我和你比一比

敌寇的血

染红了我的马蹄

敌寇的头

滚在我的脚底 ①

女游击队长

游击队建立之初，李林在县城北部的罗店找到营房，布置营地。罗店紧邻文庙，李林两头兼顾，一边承担文庙里的干训班上课，一边负责罗店

---

① 冷燕虎、欧阳惠：《赤子热血——环球华侨抗日行动》，解放军文艺出版社 1995 年 7 月第 1 版第 160 页。

的队伍训练……建立和训练游击队，该有怎样的艰难和坚毅？从她给中央妇委低调谦虚的信中能略窥一二——

在我们第二次到雁北的时候，因为敌人进攻得猖獗，武装汉奸及清乡队活跃得厉害，加上各县政权已空虚，我们觉得要在这地区开展工作，要在这地方存在，非有自己的武装力量不可，因此，我们决定第一步的主要工作是创造武装。

……

的确，武装工作是困难。因为没有更多的干部，一个人政治、军事都要负责；更因为过去没有军事的经验和常识，仅仅受过几月训练，所以，开始虽只有十几个人的游击队，但已经够我忙乱了。我常整夜睡不着觉，想着他们的管理问题，计划着他们第二天的军事操练、政治课及生活各方面，真是煞费苦心了！一直到后来，来了一个军事干部，我们这一支队工作才健全些，而且以后更成了其他支队较有基础的主要模范支队。①

文武双全，文武双职。
（大同市委党史办供图）

李林信中所说的"来了一个军事干部"，是王零余。②王零余是早期中共党员，早在北伐时期进了东北军何柱国骑兵部队。

① 李林:《给中央妇委的信》，山西人民出版社《巾帼英雄——李林》1985年4月第1版第9~10页。

② 王零余（1907-1947），又名王庆昌，河北省正定县高平村人。1928年在正定师范学校讲习班读书，1933年到东北军何柱国骑兵第2军10师，1937年10月在偏关县被安排辅佐李林游击队工作，后历任骑兵营长、晋绥军区补充团团长等职。1947年牺牲于内战中。

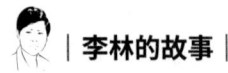

东北失陷后，他随着东北军来到山西，接上了党组织关系，被安排做李林的搭档。

两个月的时间，李林的队伍迅速发展到 216 人，组建成为雁北游击司令部偏关抗日游击支队，被组织上编列为晋绥第八抗日游击支队。这一时期，平鲁县、右玉县及其周边地区先后诞生了 5 支队伍，被上级授予序列编号：五支队、六支队、七支队（平鲁游击队）、八支队（李林领导的偏关游击队）、十一支队。其中，李林所率八支队训练最精，为晋绥边工委直属，被评为模范游击队。

翌年 3 月，李林率领游击队东进平鲁参加第一次反"围剿"战斗后重返偏关城，偏关人民看到，矫健昂扬的一支劲旅，率队在前的便是英姿勃勃的"李委员"。这时，李林已经被任命为晋绥边区第八游击支队队长兼政治主任，王零余为参谋长。年方 23 岁的李林是中国历史上罕有的女性游击队长，是唯一的华侨抗日女游击队长。

2

军政双卫，胆壮黄河东

单刀赴会

偏关城下。（赵簾青供图）

偏关，因其独特的地理优势与相对安全，东北军何柱国骑兵团及晋绥军部分旧军都有驻在，加上晋绥一行人创建、中共领导的县政府，这个黄河岸边小县倒成了一块政治军事的复杂之地。带起队伍来的李林，便处在这种"复杂"的风口浪尖。

在驻县东北军与晋绥军旧军眼里，占据县政府的这拨牺盟会人分明是共产党。他们哪里甘心？骑兵团团长授意他的一名姓熊的秘书，勾结晋绥军公安巡官李岗等人，几次趁机寻衅，要夺县政府。

这期间，县长梁雷唯一的军事依靠就是李林的队伍。梁雷到罗店与李林商议，指出县城里存在着极为不安定的因素，说：你既要带队外出拉练，还要注意保卫县政府。李林担当了独撑军政艰局的重任，她与梁雷暗约，说自己留着心呢，一定要解决这个问题。李林提醒梁雷，倒是你自己在县政府办公，要对身边人心中有数。后来梁雷壮烈牺牲，原因之一就是

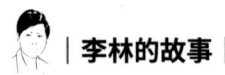

他为人太大度，用了李岗为警卫员，在 1938 年春绥远伪军李守信部队围攻时，被李岗反叛而遇害。

李林对县政府密切关注，用心保护。但她维护抗日民族统一战线大局，不想带兵行动，其间的大事、难事，她要独自一人扛起来。

一次，李林带队在外拉练，预感城里有事，她只带着警卫员王海林提前返城。两人快马驰至县政府大院前面的城墙下远远驻马观察，果然看见一支 50 多人的混杂队伍包围在县政府大门口，为首的两人正是熊秘书和李岗，其他人都是两军附设机关里官瘾十足而不务正业的人物。县政府机关里的办事人员慌作一团。

李林审视一刻，看出这些人是想先占领了机关，然后再向山西当局补个报告，趁乱抢了县政府。李林眼盯着李岗手里不住晃动着的驳壳枪，对警卫员王海林略做叮嘱，命他原地待命，她自己拍马冲入人堆。

李林高声大喝，菊花青也马随人意，在人堆里嘶鸣腾跃，李林在马上乘势猛然一脚踢飞李岗的枪，然后纵马转身，从空中接枪在手，用李岗的枪指着李岗，开口痛斥道："可爱的李岗先生，你究竟是个军人还是个政客，还是别的什么人？"

李林转对众人演讲道："兄弟们，东北军都是好样的，唯独这位老兄真是有些特别——你看他来了偏头关，屁股就坐到了晋绥军的板凳上，阎锡山老先生瞎了眼睛容他混进来做了公安巡官，又来和东北军兄弟们勾扯不清。试问东北军兄弟们，如此不忠不义的人，你们还愿意继续和他打交道吗？"

说到这里，李林坐在菊花青脊梁上转面李岗再继续申斥："请问李岗先生，你做了公安巡官，可为偏关人民巡得几个盗贼，查处了几个土匪？你把熊秘书和弟兄们约到这里想做什么？你究竟是要抗日，还是要抗人民？"

言至此，李林对李岗打雷般猛喝一声。这是对李岗的威慑，也是给远在人堆之外的王海林的信号，王海林闻声拍马冲来，大声报告说："队长！部队马上就要进城了，请指示集结地点！"

50多人的杂牌队伍被李林和王海林迅雷不及掩耳的行动完全镇住了，他们有的直往后退，有的附和着李林也来骂李岗，只有熊秘书不阴不阳地一挥手，带领他的手下离开了现场。李岗两腿打着抖灰溜溜地跑了，从此再也不敢和李林打照面。

一场事态顺利平息。但是，危机像地雷一样时时埋在偏关县政权的地下，也埋在李林的脚下。

12月份的一天，游击队又是一个计划中外出拉练的日子，拉练地已经预先做了部署；而梁雷这天要下乡调研。李林与王零余暗约，由王零余带部队出城，她自己和刘震独自潜留城中。她提前把自己的公文包交给刘震，叮嘱道：当她出现在县政府那边时，要刘震留在人群外围，随时做好拔腿就跑通风报信的准备。这一天，李林弹上膛，马出厩，竖起耳朵密切关注着县政府那边的动态，然而一天相安无事。

又一次，梁雷外出开会，李林觉得机会到了。她把队伍浩浩荡荡带出城东南的马梁村，安排好王零余在这里的溜马场和黄牛滩整训，她带刘震悄然返城，果然抓住了机会——对方已经在城中戏台下集中了黑压压一片人，熊秘书和李岗在台上张牙舞爪地讲话。这一次，他们的策略是采取规模化行动从动员民众起步，用合法手段来逼取政权。

这时，李林来了。她让刘震带上文件包站在戏台对面一个两头有路的

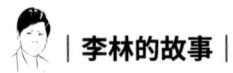

角上，她独自一人健步登台，李岗一见，缩身要退，被李林一把揪住。她往熊李二人中间一站，对台下演讲道：

"偏关县的父老乡亲们，晋绥军和东北军的同胞们，国共合作抗日的统一战线，是国家的大局安排，是中国人民人心所向，是挽救民族危亡的唯一出路，谁要胆敢破坏，问问偏关人民答应不答应？"

这时，熊秘书拔出手枪，李林用更迅捷的动作拔枪指向熊秘书，厉声发问："你想干什么？"

台下坐着的偏关县地方代表对李林最是热爱，他们率先喊起来：

"我们听李政委的话！"

"不准伤害李政委！"

台上诸位想不到李林在偏关人心目中的威望有这么高。

他们更想不到的是，东北军士兵、晋绥军政人员也是拥护李林的，台下跟着一片声呼喊道："我们拥护李代表！"

"误会，误会……"李岗与熊某一听台下的反响，顿时出了一头冷汗，他们手中的枪软下来，马上又变得点头哈腰，连声道歉。

就这样，李林单枪匹马一次次粉碎了偏关的政变行动，保卫着偏关县政权。

返平鲁

共军在太原失陷[①]后，即不与国民政府军直接协同作战，而采取自主立场实行所谓"敌后游击战"，扰乱日军的后方，并且在日军占领地区的

---

① 1937年11月9日，日军第五师团占领太原。参见于宁《太原会战》，航空工业出版社2016年7月版第216页。

间隙部分，努力建设抗日根据地，组织群众及武装群众。①

进入 1938 年（民国二十七年）以来，驻大同日军的主要对手就是八路军。而且，一二〇师主力是开拔到各地机动作战的，对他们构成直接威胁的是在他们的占领区冒出多支游击队。共军的游击战术巧妙，其势力与日俱增，广泛地扩大了地盘……此种游击行动，在日军的警戒线的间隙出没无常。日军所占领的地区与兵力相比过于广阔，不能守备全部地区。因此，只能主要守备政治及战略上的要点、后方主要交通线、铁路沿线，并且要在广泛范围讨伐游击队。日本"华北方面军对占领地区维持治安的指导"提出的方针包括：对匪帮的讨伐，重点指向共军，特别对已建成的共产地区，努力尽早将其摧毁。游击队的背后，显然有强有力的组织，这个组织极有可能把良民一大片一大片地变成反日分子，这才是更加使他们害怕的对手，所以他们的方针还提出：对共军应彻底进行扫荡。为此，在共军地区，应一面进行讨伐，一面采取宣传及其他方法，尽量灌输防共思想。

从上述日军的态度与方针，可看出日军发现中共领导的晋绥抗日力量之后，心存恐惧，精神紧张。在 1938 年的时候，他们想的是对敌方"尽早摧毁"，没想到从此肇始了对中共游击力量的一再扫荡（围剿），而且一再失败。这个长达数年的过程，是中国人抗日的胜利路线，是侵略军的一场梦魇，也是李林的命运所关。

1938 年（民国二十七年）2 月下旬，日军第一次集结分驻雁北各地的兵力万余人，准备对本地区抗日根据地进行大"围剿"。雁北游击司令部

---

① 日本防卫厅战史室：《华北治安战》，天津人民出版社 1982 年 6 月第 1 版第 42 页。

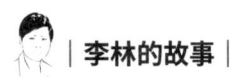
和中共晋绥边委机关，也一样看到敌人这一"围剿"的来历非同寻常，所以，也于 2 月份从偏关东进平鲁指导反"围剿"，李林和王零余率领八支队担任保卫任务，率队东返平鲁县。

行军。（朔州市李林英雄文化研究会资料图）

顺着关河东进至与平鲁接壤的老营，队伍在老营城北的山坡与李守信下乡的小股伪军遭遇。李、王二人率部迎击，李林冲在前面，一枚冒烟手榴弹突然落在她的马前。李林骑马已经一跃而过，但她知道身后正在跟随她迅跑的战士们势必来不及躲避，一瞬间，她看清了手榴弹正在燃烧的拉线的长度，一瞬间作出决定，并完成了一个生死攸关的动作——翻身下马，拾起手榴弹向敌阵扔还。一瞬间，她是那样镇定迅捷，毫不犹豫。手榴弹在敌阵的半空爆炸，吓得敌军连忙后退。

李林坚决要求真刀真枪出战，经批准承担了直接参战反"围剿"的任务，她率队配合其他队伍灵活机动地分途袭击来犯之敌。突出包围圈后，又转移到外线继续袭扰敌人。这便是晋绥根据地第一次反"围剿"，也是李林军事生涯的初次实战训练。

一仗打下来，部队的军事水平赢得好评，李林领导的第八游击支队被评为模范支队。这使得赵仲池长舒一口气。

赵仲池 19 岁即考入天津北洋工学院，因积极投入抗日救亡学潮而被校方开除，从此走上职业革命家之路。21 岁，他与人合作，在故乡五台东冶镇创建过"民众大同盟"。来到晋绥之前，他是津冀一带科学领域地下党的活跃分子；中华人民共和国成立后，他在国际机构和科技领域历任领导职务，多有建树。综观赵仲池一生，其鲜明突出的特点是：有学养、有主见、有品位、有历练、有担当、有威望。而自雁门关内点头接收了李林数月以来，上级领导和身边同志们大多或轻或重或隐或显地对他表示反对。多数人认为，一个女学生参加抗日，不过是一时的热情罢了，等她扛不住艰险心生退意的时候，照料她或送她南返，都将是组织上的负担。还有的提出一个更大的问题：人家可是一位华侨啊，万一有个闪失，谁能担待得起？因接收李林这件事，赵仲池一度陷入孤单。

此刻，李林以其双倍于他人的努力为自己挣足了资本，展现了英姿，也证明了赵仲池当初的决定是正确的。

李林就要上战场了，在大战日军之前，她先战胜了一个"女"字。战胜这个字，比战胜日军需要更加艰苦卓绝的努力，更全方位的能力，更出色的业绩，需要付出几倍于男同志的努力。如果说，别人的抗战是翻过了一座大山，则李林是在同一单位时间里翻过了两座大山。

3

绥南二进，法如霍去病

1938 年（民国二十七年）4 月，李林率领自己亲手创建的队伍北上出战，转战长城内外晋绥多地，创造了一系列著名战例。她军事初展，一战成名，再战立威，连连获胜，威震晋绥，奠基了一个抗日英雄的军事辉煌。

战绥南

4 月 23 日，从平鲁出发刚 30 公里，进入右玉县境，在威远堡村外看见一个土堡，顶上飘着膏药旗。队伍靠树林边停下。李林观察土堡的围墙又厚又高而不宽广，征询王零余的看法，王零余凭经验估计它是日伪的一个屯藏物资或军火的小据点。李林向后一摆手，队伍卧倒路边。王零余同时取望远镜一望，对李林一点头："里面有 20 多人，都是伪军。"

右玉威远堡风云。（谢富华供图）

"夺枪？打一仗！"李林与王零余简短商议，手里的枪已都指向那土堡，枪一响，堡墙上横枪巡视的两个士兵应声栽回墙内。李、王二人持枪跃起，全队猛冲而入，枪声大作，伪军夺门而逃。李林骑菊花青带领 50 名战士出击尾追，王零余率后军夺取了堡内大量枪支弹药。

各家游击队都缺枪少弹啊，队伍里最大的矛盾常常是给谁分一支三八大盖，而谁只落得一支老套筒；训练用弹明明是打得越多越好，却不得不限制队员实弹射击量，让大家瞄准靶心后扣那个空扳机。此刻，李林的队伍得了军火补充，个个都振奋得欢天喜地。

走着走着，一个新的困境随之而来——绥远地方路途迢遥，他们负重远行，不但不利于战事，而且闯关越线都险难重重。

出右玉，近凉城，李林趁休息召集小会研究，她的口中默念着两个字："骑兵、骑兵、骑兵……"王零余接起话头说，北地多马，也多马匹买卖，我们再往北走，就可能遇见马贩子了。李林一听，也联想到从绥远涌进偏关的土匪多为马队，她一挥手："好！咱们遇上贩马的就买马，遇上土匪就夺马！"

经绥远省凉城县西南端而东进，绕着岱海边沿，不觉又已远行了 90 多公里，北进至凉城县岱海东南端。一条河流出现在脚前，河水不大不小，西出群山，东流而去。队伍里有绥远籍战士说，这河叫天成河。顺河北望，河东岸有一个大村，是天成村。队伍歇马的村西这座大山，叫马头山。在马头山下一片布满树林的缓坡，李林派出两名绥远籍战士换便装以买马名义向路上老乡侦察。老乡告诉他们，自从闹日本开始，马都被各路队伍征用了，马帮马贩子很少了。

"村里倒是驻有马队……"老乡吞吞吐吐，面色犹犹疑疑；两个战士忙问："他们卖吗？"老乡缓缓摇头，面色凝重。两个战士眼里见事，交换眼色，一个继续与老乡攀谈，一个掉头返回队伍。李林率 5 名战士赶来，

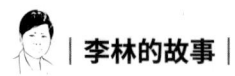
把老乡请回山坡树林。在这个临时营地，李林命队伍打开干粮，与老乡共进午餐。

吃着干粮，李林与老乡三盘两问，外加分析判断，弄清了老乡口中这股"马队"，是近日才从岱海以北的麦胡图转来的伪军。老乡说，村里人很是犯愁，这股人看样子是住下不走了，将来还不知道怎样祸害村子呢。李林看时机成熟，略作思忖，就决断地正面告诉老乡，今天就能消灭了他们。老乡上下打量一眼李林，又环顾一番身边的队伍，来了精神，讲起了伪军每天出动饮马的时间与村前村后、山前河边的地形……

好戏，即将开锣。

午后的春阳高照河边，战马群从村里朝河边奔腾而至，河对岸小树林里发出轻声而愉快的笑声，是王零余。在老乡的向导下，队伍从坡后小树林深处绕至河对岸树林边有利地势，把一河清水尽收眼底。王零余对李林耳语说："这是一群二代杂交蒙古马，看上去矮小，可是跑长路有耐力，勇猛无比。"李林一笑双眯眼，随之牙关紧咬。

马群约有百余匹，其中十五六匹驮着伪军，近河下马，马群轻松饮水，伪军们背着枪一字形松散地摆在马群中。马群两边各有一个骑马人持枪挽缰不下马。李林朝王零余点点头，用手将西边一骑指给王零余，又指一下东边一骑回指自己，王零余点头。李林头一低枪声响，端坐东边马上的头目应声落马。同时，西边一骑马上的头目也在王零余的枪声中栽倒在地。伪军们乱叫着有的往马背上扑，有的掉转身往后奔，树林中爆豆般的枪声中，伪军立刻倒下四五个，其他人落荒而逃。

李林和王零余随之两路出兵，李林一路东进追马到村；王零余一路西杀逃敌，守村截马。受惊返回的战马，大部分无鞍辔，整整齐齐跑到村中一个马厩大院，有鞍辔的十五六匹没了主人，在马厩外仓皇四顾，嘶鸣不已。李林勒马挥枪，一路又分两部，她亲带一部横枪激战，将闻声而出的驻村伪军消灭在驻地大院周边，五六颗手榴弹迅雷不及掩耳地飞进伪军营房院子，天成村顿时硝烟弥漫，战火纷飞。另一部已将马厩旁的两名值守伪军击毙，将战马全部配了鞍辔，一声呼哨，带出河边。

这时，村外余敌亦已尽皆倒卧于王零余一部的枪口下，敌向外报信的线也掐断了。

半个小时之后，一场夺马战胜利结束，杀伪军26人，夺战马120匹、步枪46支，加之其他小战所获零星马匹，共得战马200余匹，一支新生的骑兵队伍整队天成村外。

这下好了，不光人骑有马，而且辎重物品都驮到了

内蒙古自治区凉城县天成村老者在李林天成村夺马战现场对采风团还原历史。（范和平摄影）

马身上，队伍在驰骋到实战战场的半路上改建为骑兵，行军作战都轻便起来，全队振奋，友队羡慕，上级惊诧，敌方震恐。李林一战成名。

马头山下夺马战给了李林一条重要的启发：派侦察班化装探路并寻找战机，从容突破了敌人一道道防线，胜仗一场接一场。这支半路新生的骑兵部队，正是锐不可当。敌人则像一匹笨拙的老马被牵着走：刚刚派兵驰援天成村去了，又报麦胡图被打破了；救援麦胡图的部队还没到，红砂坝车站告急……

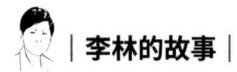

　　打击敌人成建制的军事部队的同时，李林队伍根据一路所得信息和线索，还一路不停地查恶霸、杀汉奸，斩断了地方汉奸网。军事取胜，同时获得系列社会效应，安定抗日的社会秩序，是对日军治安战的反战。

　　常流水拔据点一战，是李林第二次进绥南最大一战，这时，她的队伍已经是改编为八路军一二〇师雁北独立六支队的骑兵营。

　　常流水村①是位于大同西部的一个战略要地，在山西大同与绥远丰镇之间。大同是华北煤电重镇，日本满铁公司早已占领了离此10公里的四老沟煤矿。为了保卫四老沟，并进而采掘附近的挖金湾矿，日军侵占大同之初即在常流水设了100多人、两挺重机枪的重兵据点，是敌方在我晋绥边区安插的一颗硬钉子。无论政府的二战区还是共产党的晋绥边委，都受到这一钉子的撕裂性破坏。

　　打常流水，是李林前次北上绥南时就放在心上的。因敌我强弱反差过大，这次向边委和支队请示时，领导们对她这一请战很是吃惊。但是，对于一位派出的军事指挥员明确下一个"不能打"的指令，话属难言，于是叮嘱她要见机行事，如难获胜，全军而归，即是功劳……

　　常流水村是个北高南低、东西两山夹峙的狭长村庄，村西是高耸的瞭高山。村中部一处地势较高的大院是敌据点，和相距不远的另一个老财院各建一个炮楼，一眼望去，易守难攻。而且，敌人的明岗暗哨远近扫视，进攻的难度很大。但是，李林为了此战，设法联系到常流水村地下共产党员曹福林，详细了解了地形与敌人布防特点，做了周密的分析研究。她率部星夜驰兵，由瞭高山山口天降而至，经日军据点炮楼之下的庙儿坡，迅

───────────

① 今隶属山西省大同市云冈区鸦儿崖乡。

雷不及掩耳地占据有利地势。他们先攀上据点大院对面一座道观的墙上，朝据点探视，发现一个伪军手端一只大草筛进马棚添草去了。这表明据点之敌将要进入梦乡。

李林轻拍一下王零余的手臂，两人一跃而下，朝队伍一挥手，立刻用自带的轻便云梯反身扑上据点大院的屋顶。看到伪军出了马厩，把筛子挂在墙上要返回屋里，李林一挥手，一位爆破手将第一颗手榴弹随着添草伪军的脚后跟投至屋门，李林指挥战士同时将手榴弹分别投入据点各屋的烟囱。骤然而起的爆炸声惊心动魄，据点各屋像要跳起来一样剧烈震动，烟雾土灰从门窗喷涌而出，据点里顿时发出一片惨叫。日伪军纷纷往院里抱头鼠窜，而来者的轻机枪朝大院内迎头猛扫。

日军炮楼里的重机枪是朝向西山的，发现情况紧急调整，但如同自己的手指抠不着自己的手腕，哪里能跟得上来者的影子？扫射一阵，看看无效，只得弃枪而逃。

半小时之后，据点里日伪军陈尸近百，轻重机枪及大量枪支弹药被"天兵"席卷而去。

关于这一硬钉子是否就此拔掉，诸多资料都有肯定。常流水人对本书作者口述称：日军虽然于三日后即又返回，重建了该据点，但从此谨守严防，不敢扰民，而且，开掘挖金湾煤矿的计划就此打消。

这一役，国共两方个个称庆，大同日军总部极为震动，李林一战立威。

满载而归的队伍，又立刻北移至丰镇等地如法炮制。一支神兵马踏绥蒙高原，以几乎零伤亡的代价，将20多处据点、火车站的日伪军打残、打昏、打怕。

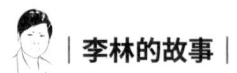

无令之战

现在回头来摊开一个重要问题——威震晋绥的李林受命于上级怎样的军事部署？有谁下达作战指令？

没有。从来没有任何直接的战斗部署交给李林。对于各地方游击队，上级通常的要求是不断地拉队伍，不断地上交（改编）队伍，很少安排正面作战任务。李林威震晋绥的军事成就出自无令而战。

当然也不是违令而战。李林自主出战的背景和条件，主要是因为上年秋伪蒙古联盟自治政府在绥远成立，蒙奸德王为主席，他与其担任副主席的李守信各率一个军，对晋绥范围抗日事业与中共组织造成重创。中共北方局当然不能坐视，派出一个高级别工作团北上绥南做恢复的工作。既然"高级别"，便需一支队伍护送。选谁的队伍护送呢？选的就是李林带领的队伍。

工作团一上绥南，取得了"恢复"的成效，获得了高层的重视，所以又有二进绥南进行"巩固"的工作。为配合宏观战略，李林的队伍被二次选中二进绥南。

一个护送，一个配合，这如何领会、如何把握？在那样复杂的背景下，来自上面的声音，没有人可能，也没有人可以提出"规定动作"，这便是女将军李林主动出击真刀真枪战日本的天赐良机。李林两次领命回队，召开"护送"与"配合"动员会。

在战士们眼中，李林讲话的内容倒还在其次，最具感染力的是她讲话时的表情和气势——她兴奋热烈的激情中透出刚毅坚定的意志力，那一笑双眯眼的眼神标志着她的讲话节奏，那抖擞着的短发象征着潜在的战斗力，那岿然而立的身躯标志着战无不胜。每个战士都领会到一个令人激动的等式：护送等于作战，配合等于杀敌。

这就是李林率队二进绥南威震晋绥的战前背景和底色。

绥南工作团完成任务，护送南返途中，李林部队在安排工作团驻马藏身地的同时，一路继续作战。她派出的两个侦察班来回穿梭，战机不断，她率领的部队像一支跳跃的天兵，屡出奇兵，奇袭目标。

第二次进绥南不到 20 天的时间，她神出鬼没，机动转战，斩获甚丰：平绥线上的红砂坝车站驻有日军一个小队，被他们打得落花流水；圪臭沟正在清剿我方抗日力量的敌人遭到李林以运动战袭击，毙伤敌伪军连长 1 人、士兵 20 余人，缴获战马 5 匹、骡 4 头、驴 2 头，以及一批军用品；五柳沟袭击战，毙伤伪军 3 人，生俘 3 人，缴获步枪 5 支；蓝旗马场袭击战，毙伤敌 6 人，俘敌 5 人，缴获战马 5 匹、步枪 5 支及军用品若干。

战机，是越打越多、谁打谁多。除了借"护送"与"配合"之机作战，李林还和兄弟部队协同作战。时在右玉活动的石生荣回忆称——

李林同志真是说话算话。1938 年夏末的一天，她通过屈健同志通知：让我们三大队配合八支队的作战行动。接到通知，我马上带着队伍出发，当我们赶到右玉西面的陈家窑村时，八支队已经集合好了队伍，李林同志正在向战士们进行战斗动员。我赶紧领着队伍悄悄立定，静静地听她讲话。她讲得干脆、利落。讲完后，就矫捷地跨上马，带领部队向石门子村（现在和林县羊群沟乡一个村子）冲去。

这次配合作战，分配我们三大队的任务是卡住山神庙沟，阻击敌人。李林同志带着队伍从窑头梁冲下去，猛然一打，敌人就乱了营，到处乱窜。我们三大队乘势阻击敌人，打扫战场。这次战斗很快顺利结束，我们打了个不大不小的胜仗。除打死打伤和俘虏敌人几十名外，还缴获三十多支枪，三十多匹马。战斗结束后，李林同志对我们三大队的配合行动表示满意，还分给我们一些枪支弹药。①

威震晋绥

天成村夺马，李林一战成名；常流水拔据点，李林一战立威。从此，绥蒙高原上，影响最大的抗战人物，第一是百灵庙大战日军的傅作义将军，第二就是威震晋绥的女英雄李林。

李林两进绥南之间的6月份，晋绥边区五个游击支队合编为八路军一二〇师雁北独立六支队。这个过程中，李林有两件大的光荣，值得提出来——

光荣之一，改编成的八路军一二〇师雁北独立六支队有3个营：骑兵营（第一营）、步二营、步三营。其中的骑兵营是六支队的翘楚部队，共辖四个连，每连有机枪两挺。而这一翘楚正是以李林领导的偏关游击队这一现成的骑兵部队为班底。

光荣之二，各游击队被改编时，原队长都想随队进入军内，组织上是不允许的，要他们留在地方继续组建游击队。而偏偏只有李林，这位在八个月前大家都视为累赘的侨女队长，获得允许随队做军官，被任命为骑兵营教导员。

威名之下，人们研究发现，李林的兵法特点和军事业绩，既有兵法的逻辑，又能用书不唯书，而与西汉反击匈奴的霍去病如出一辙。

李林在偏关时就已熟读《孙子兵法》，她谙熟其中的《军争篇》。她对

① 石生荣：《六十年回忆》，远方出版社1997年10月第1版第96~97页。

这一篇中关于"争利"内容的理解大致是：战争就是要争取有利条件，而这一争取有必要，也时时伴随着危险。带着辎重行动吧，太迟缓了；不带辎重吧，有可能损失了辎重。因此，拼命急行军百里以上才有可能达到争利的目的，但这样做又有可能主将被擒，而且战士们不一定能跟得上；如果按五十里的目标急行军去争利，先头部队的领兵人就可能落了单，遭受敌人的围攻；规划成三十里，也还是不安全……总之，孙子强调的是辎重很重要，粮食很重要，后勤很重要。①

李林是个信念强大的人，她更相信另外一个道理：我的部队我了解，我的战法我做主。她首先是在兵法的理论中纵横驰骋一番，得其精髓大意，而扫除运用障碍。大战绥南的系列战例，她总是一日一夜之中长途奔袭数百里连战连捷，她的战例非常"出格"，却又很合乎实际逻辑，倒像从《孙子兵法》中走出来，又去模仿了汉朝名将霍去病。

有一段概括霍去病军事风格与战术思想的话，简直精准活画了李林的战法——

霍去病骁勇善战，用兵果断灵活，从不拘泥于前人的战术。在战场上，他身先士卒，以自己的决心和勇气激发将士的斗志。他将闪击战和长途奔袭进行了完美融合，堪称天才性的战术思想。②

霍去病出兵第一战，率兵800人歼敌2000人；嗣后，他一改大将军卫青稳跟稳进的传统战法，敢于率领轻辎重铁甲骑兵长途奔袭，孤军深入，轻骑闪击，神出鬼没，杀敌之兵，震敌之心，立下打通河西走廊的历史功勋。李林率部二进绥南系列战役的胜利，为工作团创造了充盈的时间

① 参见孙武：《孙子兵法》，中华书局 2006 年第 2 版《诸子集成》第 6 册第 106~110 页。
② 胡辉：《霍去病》，中华书局 2019 年 6 月北京第 1 版 "导读" 第 2 页。

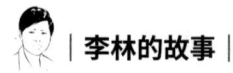

与空间，从而得以深入摸底，杀奸锄霸，恢复了基层抗日组织，巩固了毛泽东所期待的大青山根据地。

运用自己特殊的神枪快马，22岁的霍去病彻底洗刷了汉朝保守派对反击匈奴决策的质疑，23岁的李林彻底击穿了正统观念下对游击战争的诟病。穿越两千多年时光，竟有如此相似的手法、相近的步法、相像的形神，我们不得不感叹中国英雄的神脉绵延。

精神上也很一致：汉武帝在首都长安给霍去病修了极为豪华的住房，霍去病说："匈奴不灭，何以家为？"组织上调李林到后方，既安全又便于职位提升，李林坚持前线抗日，不到后方。

1938年（民国二十七年）春夏威震晋绥的李林，获得中共晋绥边组织的嘉奖："骑兵营完成任务出色。"

这当然指的是"配合"和"护送"，因为李林威震晋绥系列战例，并无战令，她是无令而战、主动作战的英雄。

第七章

威名之后，威名之外

1

威名之后三重浪

1938 年（民国二十七年）春夏，归侨女将李林名震晋绥，在敌友我三方都引发波澜。三方的反响，更显出李林的非凡，也透射出抗战背景的复杂。

"顽皮女太君"

对手方面，日伪军受到李林连续的、沉重的打击之后，敌蒙疆联合委员会、晋北自治政府、驻大同日军总部等各方都把李林的名字登上悬赏簿。

由于遭受李林打击最沉重的是绥南日伪，所以，最初的悬赏出自蒙疆联合委员会：拿获李林者，悬赏 5000 元蒙疆币。

晋绥敌后抗日根据地处在日军腹心地带，对整个华北日军构成威胁。这样一片复杂凶险的土地上，又出现了一个李林，风格是那么独特，手段是那么凌厉，在日伪心目中已经是一个魔咒、一个符号。他们把此地的抗日账都集中在这个符号名下，对李林的悬赏范围，扩大至整个晋绥，才过半个月，日本大同军部也发出了对李林的悬赏，其赏格也

南国侨花，塞北雄骑。
（李文奎供图）

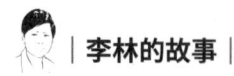

由 5000 元蒙疆币提高为 5000 元大洋。

根据研究，日伪两处对李林的两个悬赏，自发出之日起是并存的。也就是说，有谁捉拿了李林，既可以领取蒙奸的 5000 元蒙疆币，也可以接受日军的 5000 元大洋。

那么，后者这笔悬赏的分量究竟是多大呢？据有关资料，就在李林所在时期的北平，1 银圆可以买 8 斤肉，可以买两丈（6 米）"蓝士林"布，可以请三五客人一顿"涮羊肉"；在北方大部分地区的农村，1 银圆可买地 1 亩。1924 年 5 月，鲁迅在阜成门内西三条胡同瞧中一处四合院（就是现在的北京鲁迅博物馆），花 800 块大洋买了下来。这座四合院……有 3 间南房，3 间正房，东西各一间小厢房，没有跨院，正房后面有一口井，几棵树，一片小小的花园……① 依此比照，大概可以说：捉拿了李林，就成了坐拥 5000 亩土地的财主，或可在北平城购买八间房带花园的四合院 6 所。

悬赏期间，还传出一个对李林的日本式称呼："顽皮女太君"。

"顽皮"，指的是李林的战法之高超，突破了敌方的想象，含有日本人对李林的欣赏之意；"女太君"一说，显然是敌人对李林作为英雄的敬意。伴随这一称呼的，还有对捉拿李林的要求的变化，先是无论死活，得李林者，可得与其身体同重量的大洋；继而改为必须要活的，赏格 5000 元大洋。想想看，一个被当作"太君"而敬爱的对手，如果真抓到了活的，会如何？这显然不是活还是死的问题，是怎样活的问题。

按通常逻辑，敌方的重格悬赏，便是被悬赏者的围城，被悬赏者一般要做出行动调整和方向调整，至少要深居简出，重兵护卫。对于敌人的悬

---

① 李开周：《鲁迅北京买房花费：8 间房四合院合人民币 4 万元》，《中小企业管理与科技》（中旬刊）2010 年 07 期第 88 页。

赏和悬赏方式，李林当然很重视。她是怎么重视的呢？李林没有怕，也没有按通常逻辑那样做，她的重视是对自己的部下每战必嘱：记住，我们永远不当俘虏。这也是李林最终壮烈牺牲的铺垫。

高额悬赏之下，小个子女将李林，仍然频繁出没于自己的营盘和民间乡野，因为她这一片憨拙的背后别有城防，那就是她获得的民心。

威震敌方的李林，在自己的队伍中是一个亲和的大姐，爱兵如弟，深得战士们的敬爱。军余生活，她和战士们在一起，利用练兵余暇给战士们讲授文化，随时为战士们缝补衣服。战士们有了什么生活问题或思想问题，她一旦闻知，总是立刻就为他们设法化解。有战士生病，她必亲自看视，安排饮食与医疗。许多回忆录都在感泣不已：李林工作那么忙，不但从不以首长自居，坚决制止任何特殊待遇，而且把服务战士当作分内之事。

刘震回忆说，有一次她要给李林洗衣服，李林说什么也不让，说是怕开了特殊化的头。而有时候她悄悄地把刘震的衣服给一并洗了，说是为了"综合利用"洗衣水。说到为战士们缝补衣服，在李林带过的部队中都流传着这样一句话："没有一个战士的衣服没被李教导员给缝补过。"

在任平的回忆中，这段转战晋绥的日子里，李林的马褂子很破了，后勤官要为她换一个新的，被她谢绝："节省布为战士多做一个子弹袋吧，这个马褂子我补一下还能用。"她腰系一根草绳，坐在破窑洞口上的月光下，低头补好了马褂子，又去打一双草鞋。打好了草鞋，发现身边有几位战士一个个泪光盈盈默默看她，她可一点也不伤感，晃着手中的"杰作"欣慰地说："别看它是草做的，打起仗来，又轻便又凉爽，优点可多啦！"

平时每一临战，李林总是身先士卒；夜晚宿营，李林总要检查过战士们的宿营，要一一给他们盖好被子，再检查了岗哨，自己才休息。战斗中夜晚宿营，因战机与群众纪律等多方面的约束，常常很难入室一睡，李林作为指挥员，常和战士们一起寻找村边闲窑或打粮场的看场小屋过夜。有一次，李林钻进一间牛草囤度过一宿；次日早晨起来，浑身草屑，她打趣自己："我成了稻草人啦。"

身边的当地战士还以为她身为南方人，不懂得北方粮食作物，抓一把草秸纠正首长说："教导员，咱雁北不种稻子，这草是莜麦秸子和糜黍秸子。"李林一笑，给战士们介绍了《稻草人》①这部书，她说："《稻草人》可好看啦！等赶出日寇去，和平了，你们也该有孩子了，我这做阿姨的，要赠送他们每人一本。"

"我们要想在这四面是敌的包围里，到处是汉奸敌探活跃的环境中存在的话，最基本的是要和民众关系密切，我们本身要能切实深入群众中去，平时要多了解并要解决民众的困难，民众能对我们关系好，便是掩护我们最好的武装了。"②

李林就是凭着对兵士的爱、对民众的爱，用自己与人民群众水乳交融的感情保护了自己，在敌高额悬赏之下竟然万无一失。

秋林来去回

如果将密集地投注在李林身上的目光加以分类，山西首脑阎锡山这一束目光在政党角度说，可算是"友方关注"；在阎看来，李林是自己创办

---

① 《稻草人》，叶圣陶所著童话集。作品富于现实内容，展现了劳动人民的苦难。鲁迅说叶圣陶的"《稻草人》是给中国的童话开了一条自己创作的路"。

② 李林：《突破敌人的第七次围剿》，山西人民出版社《巾帼英雄——李林》1985 年 4 月第 1 版第 5 页。

的牺盟会在地方机关的成员，她当然是自己的部下。就在李林二进绥南威震晋绥的威名传来时，阎锡山在山西克难坡一新沟里的实干堂曾经为李林一夜灯火通明，他对部下杜任之说："我山西来了华侨人物，晋人岂能坐视！"他要了解李林，向自己的部下做了调查，部下将这一重要的使命转而嘱托给了媒体。

不久，一位《牺牲救国》报记者从太原来到雁北，做了多日的"战地采访"。这位记者借采访之机，对李林暗示了一个意思：你若想调到长官公署工作，我可以帮忙向阎长官转达。记者还特别耐心地介绍了阎长官是多么的爱惜人才。

阎锡山在秋林会议期间召见李林，李林乘驴而至。图为阎锡山（右三）抗战时期骑驴行军。（李蓼源供图）

李林一位名叫王建国的部下曾亲历过一个情景：一次，他与李林一起行军到一座山头，山上早有几位像盟军装扮的人，他们采访李林并给李林照相，王建国后悔自己没有抢上前去借机与李林合个影。王建国特别强调这几位的穿着，是花格军装，左胸前佩有挺大的章，盖帽前沿挺得很高，帽徽又花又大，也是没见过的。另一资料显示：李林在 1939 年 3 月的秋林会议上反驳旧派人物时说过一句"去年八月英国记者勃脱兰曾到山西敌后抗日根据地采访"，[①]可以与王建国的口述相印证。

之后，官方媒体出现了一阵李林热，山西政府的《牺牲救国》报和二

---

① 舒志超：《南侨女杰——李林文学传记》，湖南文艺出版社 1986 年 11 月第 1 版第 146 页。

战区《阵中日报》分别推出女英雄李林专版。李林的影响在1938年从官方线路扩展到了整个山西军政界及文艺界，乃至全国。

国民政府第二战区军政民高级干部会议（秋林会议）会场。（朔州市李林英雄文化研究会资料图）

1939年（民国二十八年）3月25日至4月22日，阎锡山主持，在陕西省宜川县秋林镇召开"第二战区军政民高级干部会议"，这就是有名的"秋林会议"。这次会议以排共、限共、溶共为目的，却还特邀了李林。

李林到会是怎样表现的？当阎锡山手下那些旧派人物说出八路军和新军的游击战其实是"游而不击，空耗粮饷"时，李林两次发言，反击了他们。她列举了自己二进绥南系列战例，又讲了晋绥边区的困境，末了，有力地反问道："……敌人对我5000大洋的悬赏至今也没解除，回到我们自家的会上反倒成了游而不击？"

反击了旧派人物的言论，也等于打了阎长官的脸。阎锡山听着李林的发言，微闭双眼，手里的铅笔慢慢地敲着主席台，默不作声。他心里想什么呢？不知道。且看他后面的表现吧。

会议期间，阎锡山接见了李林。①

会议期间，除了参会记者对李林充分采访，阎锡山领导下的山西电影社拍摄了李林驰马镜头，在二战区各地放映。

---

① 屈健：《归侨女英烈——回忆李林》，福建人民出版社《闽山鹭水共千秋——福建女英烈》1990年版第251页。

20世纪70年代的一本以红色为主调的作品也有相关记述：李林是特邀代表。会上的戎装妇女，就她一个……李林在会上出了名，一些记者围住她，又是拍照，又是采访……阎锡山打发人捎话给李林："你年轻有为，人才难得，阎长官很器重你，只要你识时务，前途无量呀。"①

就在"秋林会议"结束不久的6月27日，共产党人士宋丕显②亲眼看到了阎锡山领导下的第二战区当局是怎样抬举李林的：我参加了第二战区政治部在上葫芦村大场院开的娱乐大会，内容是欢送去前方工作的太原中心区牺盟秘书米建书和欢迎从雁北前线归来的女游击队长李林。③李林在秋林会议后返回雁北的方向是东北，而这个"娱乐大会"的开会地点上葫芦村，却在秋林之西北，可见，李林作为这次娱乐大会的两大主角之一，是再次被特邀而来的。

看起来，名声在外的女英雄是属于中华民族的，是一个超出了党界的多元成分的民族抗日者符号。

离军不离地

中共方面，在以"完成任务出色"而表彰了李林和她的队伍之后，晋西北高层政治领导人关向应接二连三发出调动指示，要调李林到后方（晋西北机关——中央以下第一级）工作。

当各游击队改编为八路军一二〇师雁北独立六支队时，李林作为名震

---

① 樊云芳、周浙平：《民族女英雄李林》，山西人民出版社1979年8月第1版第137页。

② 宋丕显，时任五寨县三区农会负责人，后为山西省农会干部，1949年后担任绥远省供销合作总社主任、内蒙古自治区党委纪律检查委员会专职常委等职。

③ 宋丕显：《在山西省农会工作的日记·1939年6月27日》，政协山西省委员会《山西文史资料》第38辑第88页。

晋绥的女英雄，强烈表达了从军之愿，她要带着自己亲手组建和训练的部队上战场，真刀真枪战日本。这时，李林在战日本前，已经一度战胜了那个比日军更顽固的"女"字，李林的军事业绩和军事才能没有人不承认。多亏这支出身地方的雁北独立六支队属一二〇师和晋绥边委双重领导，开明的边委书记赵仲池对李林有着切近的了解，赵把李林的意愿直接汇报给晋西北高层领导，并表达了自己的支持。李林同志因为一再表示愿意从事部队工作，直接和敌人作战，我们嘉许她的壮志，答应了她的要求，分配她担任这个营的教导员。①

但调李林回后方的声音，几乎自从她来到雁北之后就从来没有停止过；而调令的密集期则恰在李林二进绥南战事密集期。这些，最终成为她无法拒绝此次她最不情愿的调动的伏笔。

最终将骑兵营教导员李林调到后方的这个决定，是晋西北高层关向应、甘泗淇等人合议而定的。关向应是八路军一二〇师政委，甘泗淇是一二〇师的政治部主任。人们研究相关资料对此决定做出的推断有多种：第一是"女性说"："他们总以为一个女的干武装工作多少有点不合适"，真可谓战日本易，胜"女观"难；第二是"保护说"：日军高额悬赏，对于一个女华侨、一个女名人，组织上有责任以组织措施实施保护；第三是"麻烦说"：其他地方也有女同志想上火线，就抬出李林来作理由："为什么李林可以，我们就不可以？"第四是"文武说"：李林文武双全，其"文"的一面展现得更早，用场更多。

对于李林坚决不离开雁北前线的意志，组织上也做了一定尺度的让

---

① 赵仲池:《奔驰在长城内外的女英雄——李林同志牺牲二十周年纪念》,科学出版社《赵仲池纪念文集》1999 年 9 月第 1 版第 231 页。

步，作出一个折中的安排：李林离军不离地，留在晋绥做地方工作。性格倔强的李林，也只得做一定尺度的让步，她服从了安排，战场上的李教导员变成了出入农家窑洞的李委员。

7 月 26 日，在平鲁县东部的南旱井村会议上，李林接受上级决议：告别骑兵营，到边委会驻地——前榆林（属山阴县）报到。会后，是临近用午饭的时间，赵仲池款声说："李林同志，吃过饭再走吧……"

李林拍着马鞍说："我到前榆林也就一眨眼工夫，去那边，边吃边谈工作……"说着话，她的脸已掉转，朝向了村外，借机把渗出眼眶的泪用力甩去。当她跨上菊花青时，参会的骑兵营几位连长和副官们默然站在马前，他们用无言的目光对李林说出万语千言。

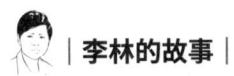

2

威名之外万千情

说李林是个英雄，谁都没有疑义。但李林究竟是怎样一个英雄呢？她仅仅是一位战场猛将吗？

晋绥姐妹

平鲁县城官办缝纫社女工刘仙荣跟随李林，成长为一位抗日干部，中华人民共和国成立后，在西安做了一位校长。

日军入侵的消息传来，缝纫社停业，女工们正在没有着落的时刻，"红军里的女官"小红娘出现在她们面前。看见她讲话那么有气势，模样那么威风，没想到和她们说话时，这位"女官"却总是憨笑着，一脸亲和宽厚，毫无官架子，还一口同意接收她做了随身亲兵，改名刘震。

刘震初跟李林，几乎什么都不懂，连李林的口音都听不清楚。李林反复对她讲："我们妇女跟男人一样，他们能干什么，我们也能干什么。"对刘震，李林从教识字学文化起步，打着手势一个字一个字地实施持续教育。

在偏关菜地里向农民买了一斤辣椒之后，李林借机又启发刘震："种菜的是无产阶级，还是资产阶级？"刘震回答说"当然是无产阶级。"

她同时在心里暗问："你李政委出身南洋华侨商人，也算是有钱人，你是什么阶级？"

"……你这个阶级为啥也爱种菜的无产阶级？"

刘震，一个出自社会底层的平民女孩，理论上的高深问题在她全然没有意义，只有在切身跟随的情境下，亲眼看见，一点一滴，一俯一仰，具体真实……李林的人格影响是她面前唯一的阳光。

康月娥跟了李林后，改名肖康。当刘震跟了李林时，康月娥直恨自己"锅盖板子揭得迟了"，"一只眼的耗子，离不了墙根"。她用了两个多月时间千方百计寻找李林，通过屈健的平鲁游击队，获知李林在偏关也同样起兵大闹游击队，特地请屈健写了一封信作介绍，14 岁的她奔偏关而来。李林一看，正是平鲁初见之下人堆里最漂亮的那位，她热情地拥抱着康月娥，说："欢迎你，阿康来了，我们搞抗日宣传演戏就不愁小演员啦。"

"当初李林给我的印象是，她个子不高，中等身材，留着男式分头，健康美的皮肤，带有慈祥而温柔可亲的笑容。她穿一身朴素而干净的深灰色军装，赤脚穿一双旧布条打的草鞋……深夜里她常给我盖棉被，夜里陪我一起去厕所，她看我吃得少了就问我是否生病了，在我感冒受凉时，她常深夜守候在我的身旁，端水倒尿，真比我亲生母亲还疼爱我。时常感动得我热泪盈眶……她为了让我完成每天认识 10 个字的任务，经常把我关在屋里将房门倒锁，并规定，完不成一天的学习任务不许我睡觉……"[①]

在李林一手调教和点拨下，肖康成长起来，于 1939 年 2 月跟着郑林到了延安。

和刘震、肖康一样，王涛（王玉莲）、白涛（白玉莲）、武云英、刘芝等众多平鲁女子，田瑞卿、苏维仁、张喜凤等偏关女子，或受李林直接培育，或闻名追随李林，先后参加了工作，她们中不少人后来成为各级干部。

①　肖康:《李林——我永远怀念的好大姐》，山西人民出版社《巾帼英雄——李林》1985 年 4 月第 1 版第 154~156 页。

就在郑林到延安后一个月，李林出席秋林会议。她用自己在会议上节约下的菜金买了22块手帕，送给洪涛山区她的干姐妹们。

那时候的晋绥地区民间，有一种不健康的习俗，略为富裕些的人家，在自己的儿子才几岁时就娶一个年龄大些的女孩子做童养媳，成亲之前，

山西省民政厅退休干部孙平说："我是北烟墩村的童养媳，我逃脱婆家，投奔了妇救会。我因李林而最终成长为一名抗日干部。"（陈琛摄影）

媳妇就是奴仆，直到劳苦多年后，才正式完婚做媳妇。穷人家为了几斗粮食或几块银圆就把女儿卖为童养媳，一辈子的悲苦命运便造就了。李林认为，这是一种病态的社会现象，必须干预，必须矫正。她见一个解救一个，并且把解救出来的童养媳们培养成抗日干部。例如：平鲁县北烟墩村的童养媳孙平慕名投奔李林，成为妇女救国会文艺女兵，退休时是山西省民政厅正处级干部。

这就是侨女李林，她用共性与个性交织于一身的蓝色文明，影响着、感染着无数晋绥女子。

雁北干妈

"……开办了好几期训练班，培养了不少地方干部，走到每个村子，没有一个村子的老百姓不熟悉，拜了许多'干妈'，团结了不少'干姐

妹'，因此，敌人围攻是疯狂的，是厉害的，汉奸清乡队是活跃的，但是我们总能冲破敌人的围攻，汉奸清乡队是莫奈我何的。最有意思的是地方干部的老婆，他们生的孩子要认我做'干妈'，一个没有做过母亲的人，骤然被人叫妈是怪不好意思的……"①

李林给绊住子做干妈，大概是已经从"怪不好意思"的阶段历练而出。

东石湖村长张存已经夭折了两个儿子，三儿子出生后，他们胆战心惊地"偷"了邻村一个人的名字，叫绊住子。一个名字真能"绊住"他们的儿子吗？他们还是难免心虚。绊住子5岁时，李林率队伍驻在东石湖，张存把李林留住在自己家，一出一进，看眉看眼。有一天，他鼓起勇气把孩子往李林面前一推，请求说："李委员，把我们这个娃娃认在你名下吧，你给他做干妈，行吗？"

李林腼腆一笑，一手取出一个"棒槌槌"玉坠，一手扯住绊住子的左耳，用两颗黄米粒在绊住子的耳垂一里一外碾成小孔，将"棒槌槌"玉坠子戴上他的左耳。从此，东石湖的绊住子就俨然是一个女孩子了。

做了干妈的李林，她自己也有许许多多的干妈——

东石湖村张元军："这是干妈李林给我捻下的耳环眼。"（陈荜兰摄影）

---

① 李林：《给中央妇委的信》，山西人民出版社《巾帼英雄——李林》1985年4月第1版第10~11页。

1937年9月初到平鲁的数日之间，李林就认了平鲁县城老人王桂林、马元桂等为干妈。从骑兵营调到地方，她又在平鲁与朔县交界处的宋红沟村认了有名的"林妈妈"林龙为干妈。在沈庄窝，村干部李永璧之妻徐大婶成了李林的干妈。

前述突袭红砂坝车站一役，李林所率骑兵营二连连长鲁尚明不幸牺牲。悼礼之后，李林专程前往沈庄窝村安抚烈士家属。鲁尚明的妈妈王大娘早年守寡，穷困中拉扯大三个孩子。大儿子牺牲了，王大娘一夜之间白了头发。但她信赖李林，第二天早上拉着16岁的二儿子鲁尚志对李林说："闺女，夜里我前前后后都想过了，我儿子跟上你抗日死得值。我只有一个心愿，叫二小子也跟你走吧。"李林握住王大娘的手喊一声"妈妈"，双泪涌流。

1940年（民国二十九年）秋天的一个傍晚，李林牺牲后5个月左右的时候，偏关县陈家营村的许大娘家来了两位投宿的军人，向她打听李林。大娘一听，截住话头不客气地反问："咋，你还没认识李林？"

这位军人是时任八路军一二〇师359旅副旅长的郭鹏，[①]他因早有风闻，所以，在进入晋北以来经常向老乡打听华侨女英雄李林。许大娘告诉郭鹏说："李林别看是个疤子，还有些黑，可是她会说话，讲起话来像关河的水朝西流，没有不愿意听的。谁家有了难事，都说'等李疤子来了问问她'！陈家营只有姓许的一家大老财，全偏关有名。许家人听了李林的讲话，就说既然人家一个南洋富侨都做了共产党的官，咱还怕人家'共'了'产'？

---

① 郭鹏（1906-1977），原名郭光前。抗战爆发后，入抗日军政大学学习，1938年起任八路军第一二〇师359旅参谋长、副旅长；1941年任晋西北军区第五军分区司令员；抗战胜利后任中原军区第359旅旅长等职；1949年后，任喀什军区（后称南疆军区）司令员，新疆军区副司令员，兰州军区副司令员、顾问等。1955年区授中将。

许家六个儿子三个跟了共产党，二儿许占厚在大青山那边还当了县长哩。"

窑洞纸条

1938年（民国二十七年）底的一天傍晚，在洪涛山下的山阴县沈庄窝村姚广泰家，晋绥边委正在开会。一般情况是，会议议程一结束，立刻分散转移；而今天却不一样，该讨论的都讨论过了，赵仲池坐着不动，不宣布散会，也不安排转移，用暖洋洋的目光扫视着大家。

这时，一股羊肉香从另一屋飘过来，有人问赵仲池："要吃肉了呀，书记今天为什么这样大方？"

赵仲池笑一笑宣布说："我们的会议还有一项议程——现在我宣布边委决定：经上级批准，同意屈健同志和李林同志结婚！"

气氛顿时热烈起来……

屈李二人在洪涛山下的抗日生活，已经是他们第四次相遇了。他们并肩共事，缘分早成，感情也是纯熟了的。赵仲池了解他们的感情，也了解他们在政治上也是可靠的、合适的。他到晋西北区党委汇报工作，作为议程之一，也专题汇报了屈李二人的各方面表现，请示可否批准他们结婚。晋西北高层领导是结合工作考虑的，再次提出调李林到后方机关的意见。赵仲池汇报说："李林个人是坚决要求留在晋绥边工作的，她也熟悉晋绥边的工作和环境。晋绥边的情况，培训干部是当务之急，同时还存在相当大的军事压力，都离不开李林。"赵仲池这样汇报，当然也包括他的一层不舍，他再次影响到上级，上级也就批准了屈李二人的婚姻。

"先请屈健和李林谈谈恋爱经过，再吃羊肉不迟。"羊肉端上来，郑林提议道。

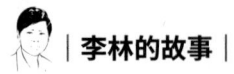

"他们是'纸上谈兵'谈成的！"柏玉生做了一个传纸条的动作，绘声绘色地把屈李二人的传纸条过程夸张了一番。

屈健来自河南省桐柏县，是个内涵型青年。

早在太原军政训练班时期第一次遇见李林，他就为她的女将风采所折服，心想，华侨人物与我们内地人就是不一样。

在牺盟会大同中心区会议上，又了解到她拿得起放得下的慷慨性格，想想和这样的人一起生活，还能有啥纠结的？

李林重出雁门关来到平鲁之后，他是听也常常听到，看也不时看到，让他有机会全面了解了她：队伍日常训练管理，李林是"首长加大姐"的复合，建章立制，峻法严规；生活上与战士们知冷知热、知心知情，照顾得热情细致。战场上，李林是"战将加母亲"的复合，骁勇地打击敌人的同时，总是像一只老母鸡一样保护着不让战士们伤亡。这时候的李林，就系在屈健心上了，他总是希望能经常看到李林。

1938年7月，李林离开部队，来到屈健身边，这时候，屈健近距离看见了李林，也看见了作为女人的李林，原来刚强威武的李林，她的感情却像火一样热、像水一样柔。

晋绥边区干部办公是怎样的情形呢？出于安全考虑，又为了照顾工作，当时的惯例是不管机关转移到哪里，同志之间都住得较为邻近。并且，为了节省灯油，常常在晚上休息之前，两人或三人合并到一屋工作学习。一只小炕桌加一盏油灯，相当于今天两个或三个办公室的组合。

晋绥边区机关的李林和屈健，在洪涛山下各个村庄就常常如此合并。

一盏油灯之下，边区秘书屈健和组织委员李林各有纷繁复杂的工作，各有自己的学习方向。一盏油灯之下，坐在小炕桌两边的屈李二人，你翻你的材料，我写我的报告，纸笔之声相闻，口耳不相往来，整整一个晚上不说一句话的时候是常态。但他们手中的工作，却难免会激发他们的会心一笑，这样或长或短，会有一些工作的交流，分享各自内心的喜悦。

1938 年树叶绿中带黄时节的一个傍晚，李林默默地写好了一封信，再自阅了一回，然后欣慰一笑。屈健感觉她这一笑比平时更丰富，他也恰好做完了手头的事，就随口问道："你笑什么？"李林没说什么，依然笑着，将信装入信封。她将封好的信平举在手，请屈健一观，收信地址：陕西省宜川县秋林镇／民族革命大学本部；收信人：林前晶。

李林告诉屈健，这位林前晶也是南洋归国侨女，也来山西抗日了，却错过了太原的军政训练班，而上了阎锡山政府的民族革命大学，当女兵。林前晶来信说，她们好几个福建女子很是倾慕李林大姐，说她在山西和侨界的影响那么大，听说阎长官曾有意调李林到长官公署，她们曾期待能与李大姐在阎长官部下相会。她受同学们的委托，写信向李林大姐问候，并倾诉心衷：在今天看来，我们在民大当女兵，与你在晋绥抗日未形区别，但各隶一党，将来我们如何能保证不再发生合作以前的伤心事呢？姐妹们可还等着抗战胜利后，去看你呢……

李林回信讲了什么，她没有答，只将神秘而欣慰的笑容，馈赠给了一盏油灯之下的同事。

屈健没有听到李林对于这一笑的解释，但想象她既是为归侨回信，一定回忆起了自己的过去，就顺嘴问了个"题外话"："李林同志，请你谈谈你的华侨经历，还有厦门、上海、北平……"

面对屈健的目光，李林谈了另外一些过去——比如陈嘉庚先生一件又一件的崇高和伟大，比如她能背出秋瑾的哪几首诗，比如晏阳初先生的

平民教育是多么的伟大，比如她们是如何可笑地打着口哨将山额夫人赶下台……话题，又归结到了当前和未来："总有一天，中国解放了，妇女同胞得到和平了，我要想办法重新请山额夫人来给我们晋绥地区的姐妹们演讲几场。"

屈健显然不甘心于只听到这些，但李林好像不太想提个人的过去。经常对干部战士和人民群众滔滔不绝地演讲的李林，自己的情感世界却总是深深地掩藏着。李林一笑，对屈健摇摇手："至于个人的事，过去的就过去了，还是谈谈现在吧。"

屈健也谈了一些自己的过去与家族的事——

我家是豫南桐柏县曲庄①一家小地主。我家本来姓曲，因为我参加革命，就改为屈了。在我小的时候，我父亲曲德芳大概有100多亩土地，拿土地上的收获到城里开饭店。有些人吃了饭没钱，我父亲就挥挥手让人家开路了。这些人里面有不少人当了兵，也有不少人是土匪，到处传扬说那我父亲是如何如何好人，这话从土匪队里传到官府，都说他既通匪必通共，就派一个姓薛的军官率军前来捉拿他，还扬言要血洗曲庄村。人劝我父亲快跑吧，我父亲说我跑了村子越发遭灾了。他到官府自首，说都是我的罪，没曲庄村人什么事。一问他的官名，对方取出自己身上一个卡片看了一眼，反过来给我父亲跪下了。原来，那时候有谁的东西被土匪抢了，只要见着我父亲的名片就会退还；薛的父亲差点被土匪杀了，我父亲给土匪讲情救了他一命。

后来一二九闹学生运动时，我参加过开封南关车站的卧轨抗议，我

---

① 中华人民共和国成立后改名为江河村。

们卧了五六天，火车都不通了。听说蒋介石派了一个秘书长来答应要抗日了，我们才停止。学生们总说屈健这小子奇了怪了，为什么他怎么闹都不受官府打击。他们不知道，薛军官升了河南警备司令，我有他罩着呢。

后来薛司令调了，我还闹，官府就要抓我，我这就跑到了太原。我在河南已经参加了民先，本想投北平的民先总部，我考学也考到北平了。可是山西抗日有名，穆欣他们介绍我来了太原——你是过年前到的，我是年关之后到的，咱俩前脚跟后脚……

李林听到这里，扑哧一笑，嗔道："谁和你前脚跟后脚呀！"

其实，她早被屈健闹革命不怕死的劲头征服了。对他那位江湖气的父亲也大感兴趣——想想他若生在闽南，必也会出洋做华侨吧？最要紧的是，这是为抗日而走到一起的缘分。而他那一口稳重的河南腔，他那热切的眼神，也使她内心产生着一种涌动。有一天，屈健奉命外出开会，离开住地的窑洞三天时间，李林感觉到了一阵阵的空虚，她这才知道有种感情悄然滋生了。

贺龙、关向应等领导的晋西北区组织多次调李林到后方的区机关工作，这些调动通知，使屈健就像要调他本人一样揪心。就在这一顿羊肉餐之前一个月的一天，李林又一次接到上级的调动函，屈健有些坐不住了，在摇曳的油灯之前，他问道："小李，你可否不回后方？你那么英雄，留在雁北战斗不是更好吗？"

李林笑了笑，用略带顽皮的口气对屈健说："……阿健，我留在雁北是为了打日本呀，难道你不明白吗？"李林感觉到了屈健的心思，但她需要护卫自己作为女人家的最后的矜持，也需要对屈健略做考验。她暂且掩蔽内心，斟词酌句地回答出倾向不明的这么一句。

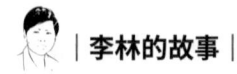

　　李林回答过后，才突然发现双方的称呼悄然改变："李林同志"变成了"小李"，"屈健同志"变成了"阿健"。她脸红了一下，一笑双眯眼对望着憨厚的屈健，满脸女儿态。

　　第二天，一盏油灯之下，屈健首创了一张纸条："你愿意不愿意在雁北解决个人问题？"

　　李林对条凝目，默不作声。这个晚上，一盏油灯之下，纸条没有下文。

　　第二个晚上，李林看到不善言词的屈健抹着汗，又一张纸条像虫子一样从文件下面窜过来。李林抿嘴一笑，低头展看："希望你的个人问题能在雁北解决，这样可以两全其美。"

　　李林笑了。她一边叠着纸条，一边低着头语带讥诮地说："你的文字表达能力，比你的口头讲话更强呀。"

　　屈健显然听出了对方的芳心所许，欢喜起来。但做男人的总是更憨一些，非要一个明确的答复不可。下一个晚上，他又原创了第三张纸条："你同意在雁北解决个人问题吗？"

　　李林仍然默不作声，一笑双眯眼。

　　"小李你说话呀！"屈健一急，红着脸搁下笔，冲口而出。

　　于是，李林也原创了一张纸条："爱谁？谁爱？"

　　屈健当然明白，这只是作为一个女人的最后的迂回。他只觉得热血漫过全身，鼓起最大勇气再递上纸条："我爱你，好不好？"

　　"这是你的真心话吗？"李林马上在原条上复笔。

　　到此，纸条的使命就算功德圆满了。屈健的手越过小炕桌，一把握住李林的手。恰在此时，边区干部朱宝深掀门而入（雁北土著不习惯敲门），撞了个满眼。第二天，李林与屈健的关系就在干部们当中公开了。

屈李二人的婚姻被批准了，这也意味着调李林到后方机关的动议停止了，也注定了这位南洋侨女与塞外洪涛山的宿命。

羊肉吃过，赵仲池安排，在次日上午举行屈李二人的婚礼。

山阴县沈庄窝村，英雄的爱巢已坍塌，顶上的一对杨树却依然双双连理，挺立于寒风之中。（王宝国摄影）

洪涛山中的沈庄窝村，是个向阳的坡形村庄，李林和屈健分住在坡顶王展模院子里的两个屋，他们的爱巢安排在坡底王展元家。赵仲池主持，李登瀛、郑林、傅生麟、韩燕如、柏玉生、王尚志、武养民、姜华、苏光、王平、康庄等人和几位县、区、村干部及政卫连的部分战上参加婚礼。他们有的在王展模家安排一对新人"出门"，有的在王展元家主持婚礼；屈健与李林身穿军装，胸戴简易的红花，手拉手出了上院，走进下院；沈庄窝村五六个儿童团员排着队跟在二人身后唱着婚礼歌——

十六开花一枝红，

二十岁的青年去呀去当兵。

嗨啦啦，嗨啦啦……

当兵去打那小日本，

当兵的青年有呀有了爱情。

嗨啦啦，嗨啦啦，

今天要结婚。

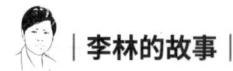

屈李二人的性格是不同的两种型号，一个厚道而内向，一个火热而刚强；婚后的生活，恰好互补，二人始终情深意笃。

有一次屈健外出开会回来，行包鼓鼓的，只说是"给你买回一样你久违的好东西"，却不给李林打开来一睹为快，惹得李林急切连声，他才快乐地开包，原来是一包油亮红鲜的辣椒。李林爱吃辣椒，这却是雁北少见之物。一包红辣椒，代表着"阿健"的感情，也使雁北化了的李林偶然重现南洋华侨的神采，她高兴得孩子似的打转转。

河山一梦

李林被调晋绥边区地方工作的时间，正是侵略者与中共组织都把目光高度集中到"晋绥根据地"的时间。晋绥区域，一块敌我双方共同的战略指向之地，像一块埋有地雷的舞池。1938年7月26日，李林来到洪涛山中的前榆林村（属山阴县）报到，这位文武全才，踏上了这块特别的文武舞池。她身负组织上的政治使命，心怀自己的救民救国理想，看她如何舞姿翩跹。

边委第一会，便是第一难题——人员。辖区十几个县上千个村，分布在敌情经常紧张的辽阔区域内，而晋绥边委只有七个人——开门第一事，紧急办培训班，把当地较为优秀的老百姓变成干部。办培训班，是掌握政权的第二名字。会议将紧急办培训班的大任交给李林，赵仲池问她有什么要求。

"没有别的要求，只要给我再派一个助手——我要王尚志。"王尚志是个共产党员，在岢岚县八路军政治训练班刚刚受训结束，并参加了牺盟会，回到晋绥边。初见之下，李林觉得他有一股天不怕地不怕的英雄气概，又兼有本地人之优势。情势复杂，环境险峻，还有李林藏在内心的军事抗日理想，这一切依靠谁呢？王尚志做了李林助手，担任训练班指导员，实在是再合适不过。

李林和王尚志克服种种困难，于 9 月下旬在边委驻地——山阴县前榆林村开办了第一期学习班，首期招收学员 60 余人。李林是个离不开军事的人，在组织上既定的培训纲领下，她实行一套创造性方案：她的抗日课，在书本之外，还加上军事训练，利用九一八、七七等纪念日之时间节点进行"游击运动月"，率政卫连外出寻机袭击和骚扰敌人，带训练班实施实战训练。

训练班从偏关起都是每期两个月，所以，人们习惯称作"二月班"。李林马不停蹄地运动在干训班的轨道上——一期刚刚结业，下一期紧接着开始。半年以来，李林主持干训班共举办了 4 期，向各县区输送了 260 多名干部，出色地完成各项任务。

另外，出太原，到晋绥，李林还是经常看见伸着手随地乞讨的乞丐。这现象曾经在她幼年归国时就刺痛过她的心灵。从厦门港到大上海，从山西到绥远，从偏头关到洪涛山，似乎她从来没有摆脱过这片尘埃。那些为了自己的蝇头小利而损害社会，甚至祸及民族的人们，和那些为民族为大众而慷慨捐物捐躯的人们，是同处在一个国度，甚至是同处在一个地方的呀。当冷风吹来的时候，尘埃蔽天；当日军侵略而来的时候，正邪立判。面对乞丐和乞丐文化，李林在内心痛苦地反问：难道，这便是我中华民族的一个侧影吗？这与印尼中华学校里的荷兰学监所谓"劣等民族"有着怎样的关系？

开办干训班，讲政治课，这使李林渐渐领悟到，党从这时起就在做全

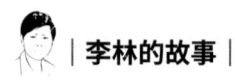

面接管国家的准备。那么，我们把这个四万万多人口的国家接过来就算是胜利了吗，算是怎样一个胜利呢？

李林关注到洪涛山四周另一面人物的行迹。

当日军占领平鲁县城时，平鲁陶小峰村开设医馆的蒙蔚对家人宣布："我们宁死不当亡国奴，我们要全家抗日！"蒙蔚将医馆改成兵营，招募了90余人，成立了一支民间抗日自卫队。

就在南洋侨女李林不远千万里来到晋绥的日子，雁门关外朔县的留日大学生苏体仁做了日伪山西省长。苏"省长"颇"顾念乡情"，他要"拉引"（朔州方言，意为引荐、协调）乡亲们寻个"出身"，外出为官，一些人欣然而至，一些人嗤之以鼻。

"邦无道，富且贵也，耻也。"这是苏"省长"胞弟苏居仁的态度。苏居仁接到"省长"胞兄"促其赴省办事"之恳忱时，正是自己参与倡办并担任校长的太原友仁中学被战火冲散、一时无计之时，他断然拒绝了胞兄，返回朔县米昔马庄村又筹建高小一所，特意取名"明德学校"。

同时期，朔县还出了一位知名人士——李澍洲。李澍洲家资殷实，在绥远做官归乡，在城西15公里的寇庄村兴建了一所由72间石碹窑洞组成的独特而著名的城堡式连体建筑——"十二连城"，又请县长纪泽蒲先生题了一个更为独特的额——"谁院"。李澍洲说，这院子，我建属我，我住属我；而多年之后呢？自古沧桑兴衰的规律，李澍洲和纪泽蒲很是懂得：我院者，谁院也。就是这样一个李澍洲，名望所至，他和他的子侄不可避免地也遇到日本占领者"到县任职"的再次"力邀"，李氏一门则再次拒之。日军扬言：李澍洲不答应皇军，难保他的"十二连城"不被付之一炬。李澍洲坦然回话：烧了什么也不会去的。

1939 年（民国二十八年）春天，李林曾跨越日军在朔县城的封锁，到西山根据地的中心——上木角村有过一访。

听说久仰的华侨女英雄李林来了，分驻各村的县区两级干部不远数十里纷纷步行而至，要一瞻华侨英雄的风采。在一所老财大院，李林从面前这十几号人的表情中看到一片艰辛而诚毅的沧桑，她的内心涌起新一层感动，这使得她为这塞外大地而心疼。

"女英雄，女英雄……"的声音从众人的口中不断涌出来，李林却对这称呼百感交集，轻轻地摇了摇头。在大家的拥戴下，她讲了话——

同志们，我首先请大家不要称我英雄。在抗日的战线上，我们都是一样艰辛努力着的战士；在将来建成一个合理的社会的道路上，我们是一样满怀理想的同志。

关于今天我们的抗日工作，大家都一样看到的，各级组织也都有安排，我就不讲了。我此来，主要是考察西山根据地的教育状况；倒很想和大家探讨教育的话题。

我在南洋的时候，学校的殖民地学监说我们中国人是"劣等民族"。我回国读书，遇上了我的集美校主陈嘉庚先生，也学习到了我国的乡村建设名人晏阳初先生，他们奉行的救民教育，救民救国，恰好就是救治这一条的。我们共产党的理想是什么？就是要培育一代新民，建造一个全新的国家！

全新的国家是什么样的？是人人自尊自强的人文之国，这样理想的国，恰恰是不需要英雄的。所以，我倡议大家都把教育做起来，抗日小学不仅要教好孩子，还要连带办好农民夜校、冬学，对农民开展广

泛教育，让全体妇女识字学文化，让每一个人都有抗日和管理国家的脑筋……

中午，李林来到小学教员田之屏家。

田家是朔县城的文教世家，田之屏之父田渠清先生也曾被日军邀请为其伪政府任职，而田渠清慨然拒绝。田之屏宁来深山忍受艰苦做根据地抗日教员，而不在城里做顺民，他们还有个11岁的孩子是根据地的儿童团长，他便是本书绪章提到的田雨润。

"这就叫爱国情怀，民族气节。由你来做根据地小学的教师就好了，你应该教育更多的人，将来堂堂正正地做我们国家的主人！"面对田之屏一家，李林联想到洪涛山下抗日的蒙家、拒日的苏居仁、李家、田家，她把民族气节的源流归结于教育，她心里很高兴，对田家大加褒奖和鼓励。

贵人到家，田之屏深深地感动了，用自己的薪水粮向村人换了黄米面，招待李林一行人吃了一顿油炸糕。

看到教书的田家生活很苦，李林指示秘书孟允中，从自己有限的经费中资助田家银圆2元。

还有更大的事。后来，官至朔县人大主任的田雨润在83岁时回忆道："由于李林的特别关照，我这个儿童团长被保送公费上了偏关公立完小，破例享受了抗属儿童才有的待遇，因此，才有我为革命效力一生的命运。"

李林那篇感动过高层和很多同志的《给中央妇委的信》，便是为晋绥姐妹们搭建的桥梁——

琴秋^①、庆树^②同志：

当我听到你们是那么诚恳地愿认识我，那么热忱地关心着这儿——晋绥边区的妇女同胞时，我是深深地激动了，一种喜欢和兴奋的情绪真是形容不出来，而只感到你们这种行为所给予我们的安慰与鼓励真是太大、太难得，而且太宝贵了。这种真挚的友爱，真的，是世界上任何东西也换不来的啊！我没有别的，我代表着边区所有的妇女同胞向你们致以慰问并致热烈的民族革命敬礼！

为了使今后边区的妇女和你们的关系能够密切，为了使你们能够了解这儿妇女工作的情形，为了能够经常地得到你们的指示和丰富的经验教训，来充实与加强这儿的妇女工作起见，请允许我把这儿的妇女工作情形慢慢地介绍给你们，同时你们愿意知道些什么，也可以具体地写信告诉我，我好搜集些你们愿意知道的东西和材料。

……^③

从信的开头可知，李林和"晋绥边区的妇女同胞"早已在中央妇委产生了影响，这也正是她这位"基层干部"致信中央部门的基础条件。写信这一天是 1939 年（民国二十八年）9 月 30 日，是她永远离开晋绥姐妹们之前的 7 个月。

---

① 张琴秋（1904–1968），浙江崇德县（今嘉兴桐乡市）人，中国工农红军女将领。抗战时期长期在中共中央妇女委员会工作。1949 年后任中华人民共和国纺织工业部副部长。"文革"中受冲击，于 1968 年 4 月 22 日去世。

② 孟庆树（1911–1983），安徽寿县人，妇女运动领导人。1937 年 12 月至 1943 年 3 月任中共中央妇女委员会委员、延安中国女子大学政治部主任、共产党人杂志编辑委员会委员等职。1949 年后任中央人民政府法制委员会委员兼法制委员会资料室主任。1983 年 9 月 5 日在莫斯科逝世。

③ 李林：《给中央妇委的信》，山西人民出版社《巾帼英雄——李林》1985 年 4 月第 1 版第 7 页。

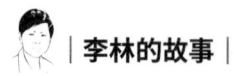

许多文化人认为，中国历代帝王统治者并不希望民众有智慧有思考，所以他们都奉行商鞅的"驭民五术"：一是让老百姓都一样的脑筋，二是让老百姓都内心弱小下来，三是让老百姓都疲于奔命，四是让老百姓经常遭受屈辱，五是让老百姓永远处在贫困状态。有这五条，老百姓再也没有可能思考大是大非，乞丐文化便因此而生成、流行。我们没有考证到李林读没读过商鞅这学术，但可以肯定，李林倾心倾力重视救民教育，却是历代英雄少有的思想型英雄。

李林当然也知道，想让群众自发形成自修教育的气候，实在不容易。她曾几次对爱人屈健谈自己的设想，如何能结合干训班，也办一个洪涛山平民夜校。晏阳初老先生能做到的事情，我们为什么做不到？但是，晋绥边委干训班的政治培训任务实在太紧迫、太沉重；而且，党组织不是晏阳初，晋绥边委也不是爱国女中。李林的心，最终停留于随时随地的宣传和可爱的设想。

面对民间社会，李林的态度总是其他干部少有的——她主张要干预和调整民间人文。对于受苦受难的老百姓，她的心柔软得像水一样；而对于另一些人，她的心简直就是一把钢刀。

抗日斗争中，每当入住村中，或在田野与群众一遇，李林就要进行民间调查："你们是哪个村的？你们村的风气怎样？村里有没有恶霸？"

恶霸不受乡村人文道德约束，勾结官匪，巧取豪夺，欺男霸女，为害乡里。日军来了，他们大多做了汉奸。当恶霸们挎上日本人的洋枪，就越发肆无忌惮。那些平日里妥协顺从的弱者该怎么办？这就不仅仅是过委屈日子的问题了，而是好人也有可能被裹挟到了汉奸队……李林知道乡村恶霸一旦与日伪勾挂连接，必然祸害无穷。她边战边查，胸中画就了一张地方奸霸图，她给自己的队伍赋予了流动执法队的职能，一路锄奸杀霸，为民除害，做了斩破奸霸网、调整乡村秩序的民间生态干预。

在一段把队伍拉到民间整训期间，李林查找到了一个人。

还是在 1938 年 3 月份由偏关东进平鲁的行军中，驻足老营以东与平鲁交界地带一个叫银子嘴的小村子时，李林遇到一家像逃难的人，心里放不下，就命人赶上询问，获知他们是平鲁北部与右玉交界处善家铺村人，确系逃难他乡。鬼子进村了吗？没有；为什么逃难？摇头不答。李林率部再东进至平鲁大泉沟村，又遇到一户逃难人，竟然又是出自善家铺！这户人家摇着头，轻轻说出一个名字：善二。

时隔三个多月，李林没忘了这个名字。到了这次带政卫连流动整训，她早已暗暗查清，善家铺村善二，43 岁，是村里的一个混混。善家铺村人本来人如其姓，人心向善，只有一位善某人因自己只生一女，所以，收养了外村亲戚的一个儿子，又为了"长命"，排行于亲生女之下，叫作善二。善二自幼娇惯成性，长大欺侮乡邻，还骚扰姐姐。善某人又悔又忧，托人送善二到平鲁县政府衙门里做了一个协税员，指望他受官府约束能够变好，也是眼不见心不烦的一个安排。没想到，他收税打人，勒索民财，没半月就被开除。善二离了衙门，却不归还衙门里的收税骡子。正在他骑着骡子四处游荡没方向的当口，日军入了平鲁县城，善二骑着骡子进城，却被早他一步投靠日军的汉奸夺了骡子，将他乱棍打了出来。善二亡命到右玉威远堡的日军据点晃荡了几趟，就参加了清乡队，一下子变为一带地方的恶霸，从此，欺良压善，方圆远近，无恶不作。

李林查得准，走得近，她率队抵达威远与善家铺之间的威坪堡，先让刘震和一位能言善道的男战士下马寻问。被问到的人多是看看四周，一摆

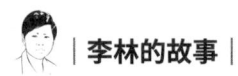

手走开了。李林托王零余就近安排训练，她带着刘震打马出村。

行经一块正在耕种的坡地，刘震告诉她，正是小满前四五天，人们正在耕种莜麦。李林一见，一笑双眯眼。早在二次翻越雁门关的路上，她就饱听战友们论述这种特殊而复杂的莜面，她的头脑里早就装满了对莜麦的好奇。在雁北生活了几个月，她吃莜面饭肚胀过多次，都从不声张，却没见过莜麦的情形。

李林一边下马走进地里，一边问刘震莜麦种子在哪里。刘震指着地当中的粪堆和跟在牛后犁沟的年轻人怀抱的粪笸箩说，"在粪里头拌着哩"，李林看见，年轻人两手交替左一撮右一撮飞快地把怀中粪笸箩里的粪土排布在墒沟。李林走近仔细察看，没看见莜麦种子，却闻到粪笸箩里一股淡淡的酒香，她用目光询问刘震，正在刘震张口结舌间，耕地老者停牛当地。这块地的一老一少见两个骑马的女兵过来，也是一番好奇，当老者从一个女兵的口中知道另一个女兵就是有名的华侨女将李林时，放胆舒心地笑说莜麦："这东西啥也好，只是腰软，它得跟它的把兄弟借腰杆子哩；把兄弟就是高粱，高粱酿成了酒，拌给莜麦籽，莜麦长大就能抗风。"

李林听了大笑起来，拍着刘震的肩膀正色道："阿刘啊，有意思，这莜麦与高粱的关系，不正是我们的队伍和群众的关系吗？"

共话莜麦，气氛融洽，李林趁机问取了善二将威坪堡一老乡"介绍"给日军"引差"（即抓差——本书作者注），从而霸占其妻的情况……李林按老乡的指点，只身一人驰马西去。

善二经李林之手交给转移到乡村的阎锡山县政府，县政府判决善二家庭赔偿骡子一头，以通敌罪判善二死刑。之后，平鲁与右玉边界一带，有4户家有女子的人家从避难躲灾的外地返回家乡，有13位青年报名参军。

一边战斗，一边关注并调整民间生态。李林在晋绥广大地区产生了很深的影响。绥南人呼李林为"李营长"。内蒙古自治区（当时的绥远省）凉城县至今流传有民谣：李营长好，李营长强，李营长打仗为老乡。[①]

---

① 凉城县老区促进会：《老区凉城》，内蒙古人民出版社 2005 年 8 月第 1 版第 442 页。

第八章

吕梁山上将军说

1

调职不调兵

招兵买马再行动

1938 年（民国二十七年）7 月 26 日，李林被调晋绥地方工作，职务是组织委员兼管地方军事。文武双全，文武双职。一年半以后，1940 年初，中共领导的晋西北行政机构成立，李林被选为晋绥第 11 专署秘书主任兼晋西北行署委员，由党职军职转为纯行政干部。

战场上的军事奇才李教导员变成出入农家窑洞的李委员。但李林并没有委屈，她觉得只要还管着军事，便还有真刀真枪战日本的机会，组织委员照样可以带兵打仗。

"兼管军事"，具体管着什么？晋绥边委有一个直属的小部队，叫政卫排，主要职能是保卫晋绥边区机关。李林提出：既然是个部队，就不能只是保卫，要出击作战；既然需要出击作战，就应当扩军。她又一次讲了"只有打击敌人才能保卫自己"的理论，用自己带兵二进绥南，主动寻机作战打击敌人的方法配合了工作团大政的经验，说服了大家，赵仲池等领导同意了她的"以出击强化保卫，为保卫而出击作战"的带兵思想，同意了她继续扩军。

招兵买马再行动。没多久，李林就把政卫排扩建为政卫连。

扩军，说着简单，做起来容易吗？想想看，多一个人，就多一份粮饷供应的负担，多一分教育管理的责任，多一分训练战斗的压力……这得多

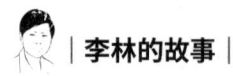

么强大的内心世界才能承担得起?

李林把别人看来无比繁难的大事业玩得得心应手,她扩建的政卫连共有"一骑二步"三个排。后来通过出战,从敌人手里夺得轻机枪3挺,加上原有的1挺,将其中的骑兵排武装成了机枪排。仅仅半年时间,又是一个微缩的骑兵营。在晋绥边组织委员任上,李林率领这支部队又打了许多仗。当了文官的李林,威震晋绥的势头继续上扬。

李林率领这支小部队出战的机会和方式,与之前在部队时差不多:以军事行动配合组织上的工作大政,帮助大部队进行军事侦察和战斗协作。战斗的方式,则多是袭扰敌人的据点或火车站等。例如,她曾率部一夜急行军40多公里,火力侦察敌岱岳据点,顺道袭击敌北周庄火车站。

紧急驰援八路军一二〇师部的战斗,就是李林这一时期的一个军事杰作。

那时候,堂堂八路军一二〇师的师部,也只在晋西北山区地带隐蔽驻扎,随时转移。1939年(民国二十八年)深秋的一天,李林得悉有敌军将袭击驻扎在岚县山区的一二〇师部,而一二〇师主力则转战于晋察冀,正在实施陈庄战斗,无法遣兵回援。李林担当大任,决定几百里急行军,驰援作战。

李林点起手中的三个排,又紧急调令平鲁游击队百余人参战,于当天夜晚从洪涛山区出发,向西南急行军。黎明时分,在岚县山区遇大雾,听到雾里人喊马嘶,李林即命驻马侦察,发现来者正是袭击一二〇师部的日军,立刻下令攻击。平鲁队伍承担正面迎战遭遇之敌的任务,李林率自己的小部队执行中心任务,向一二〇师部直进救援。由于出击及时,部署得当,李林成功地援救并转移了一二〇师部。平鲁游击队长王建国在战斗中受重伤，但是，他以此为荣，每每对后人讲述自己的经历，言语间都觉得能配合李林作战，那就是一枚军功章。

奇袭岱岳

再战再胜，威名再震，是李林调到地方之后最为令人惊叹的故事。在洪涛山区抗日力量第七次反"围剿"中，李林策划并参与指挥"围魏救赵"奇袭岱岳之战，取得完胜，反响三方。是为可入例于军事研究的典型战例。

这位基层抗日干部打出的一场胜战，其直接的意义是粉碎了敌军的又一次大"围剿"，再次解救了我驻在队伍。重要的是，这一个"粉碎"、一个"解救"恰处在关系到抗战大局之纵深处的重要节点。因此，李林此一胜战与晋绥抗战，甚至与中国抗战之大局存在紧密关联，更大的价值可以上升到对日本军方高层战略的洞穿，甚至是中国抗日战争时期中、日、苏三国关系史上一个可圈可点的注脚。

日本早在16世纪就形成外侵扩张计划。日本这幅扩张图上三大重点是占领中国、北进苏俄、南指美国。日本近代陆军来源于长州、萨摩、土佐三藩于1871年2月所"献"的一万名士兵。三藩即三阀。其中："萨摩阀"……力主实施以美英等国为主要目标的"南进"战略，与日后的"南进派"存在一定渊源关系；"长州阀"……力主实施向大陆扩张的"北进"战略，是此后"北进派"之始祖。[1] 日本侵华之初，北进派占主导地位。所谓北进战略，通常是指北上进攻苏联的战略。自1905年日俄战争之后，日本从未放松北进的设计和筹划，因此，北进一词时常出现于战前日本军

---

① 王云翠：《日本陆军派阀与战略抉择》，东北师范大学博士学位论文，2011年5月，第26页。

政当局各种文案之中。30 年代还有以强化对苏战备为旗帜的法西斯"皇道派"。但北进内容却因日苏关系及东亚格局的演进而变化。①

《蒋总统秘录》载山西阎锡山在民国廿四年（1935）六月下旬拒绝了日方要求并发表文章公开揭露日本野心后，致函孔祥熙，道出："看到来太原访问的日本军官所持军事地图，显示日本最初只想利用黄河以北，作为日苏交战时的补给基地，但现扩大及于长江以北地区"，呼吁中央，提高警觉。②

1941 年 4 月 13 日，《苏日中立条约》签立，所附的宣言竟有：苏联政府和日本政府庄严地声明，苏联保证尊重满洲国的领土完整和不可侵犯，日本保证尊重蒙古人民共和国的领土完整和不可侵犯。4 月 14 日，中国外交部长王宠惠发表声明称："……查东北四省及外蒙之为中华民国之一部，而为中华民国之领土，无待赘言，中国政府与人民对于第三国间所为妨害中国领土与行政完整之任何约定，决不能承认，并郑重声明，苏日两国公布之共同宣言，对于中国绝对无效。"③

苏日条约牺牲的则是正在孤军奋战中的中国。特别是苏联公开承认满洲国，更是对处于极端困难之中的中国抗日运动的一个沉重打击。④这是苏联为回避日本北进，而不惜将祸水西引于中国，日本南进之路是在践踏了中国权益的苏日条约之后彻底打通的。日本南进的思想是"世界最终战争"，其目标是通过与美国进行"最终决战"，从而实现称霸世界之目标。

---

① 徐勇：《论日本在二战中的南进、北进战略》，《外国问题研究》1997 年第 2 期第 43 页
② 转引自雒春普：《阎锡山传》，国际文化出版公司 2011 年 1 月第 1 版第 258 页。
③ 本段据李嘉谷《论〈苏日中立条约〉的签订及其对中国抗战的实际影响》，《抗日战争研究》1998 年 01 期第 55~64 页。
④ 沈志华主编：《中苏关系史纲》，社会科学文献出版社 2016 年 10 月第 2 版第 99 页。

日本南进派开始主导国内军事，主张先北进后南进的石原莞尔，以异常清醒的头脑预见了直接南进主张的败局：1938 年 5 月，石原莞尔回到东京，在协和会东京事务局进行演讲时，针对日军攻占徐州后，准备进攻汉口、广州的这一局面，他提出，"我认为，即便是夺取汉口，蒋介石政权也可能不会倒台，而且不倒台是绝对的；如果蒋介石被推倒的话，中国的四亿人会屈服吗？我认为他们是无论如何也不会屈服的"。[①]

在日本南进派主导下，中国人民陷入了战争的血海汪洋，而日本也果如石原莞尔所预见的那样，陷入了不能自拔的境地。他们便要对华北抗日根据地实施"治安肃正"，采取频繁"围剿"的办法，以期在短期内获得一个稳定的后方，从而可能抽出足够的兵力拉到东南亚战场上去。日军在《华北方面军的治安肃正计划》中确立的"根本方针"云：方面军为了确保当时占领地区的安定，特别是为了迅速恢复河北省北部、山东省、山西省北部及蒙疆重要地区的治安，自 1939 年 1 月至 1940 年 3 月间，分三期进行治安肃正工作，结果使各项施策渐入轨道。其中的"肃政作战"部分，又云：通过讨伐作战，全部摧毁匪军根据地，同时彻底进行高度的分散部署兵力，随后即依靠这些分散的据点，对匪军返复进行机敏神速的讨伐，使残存匪团得不到喘息时间和安身处所。[②]

"秋林会议"之后，也就是李林由部队调任地方以来，日军先后于1939 年 10 月下旬、1940 年 3 月上旬，对洪涛山抗日根据地进行了第七次、第八次大"围剿"的时间，正与日军第三期"肃政作战"计划相叠合。

---

① 王云翠：《日本陆军派阀与战略抉择》，东北师范大学博士学位论文，2011 年 5 月，第92 页。

② 日本防卫厅战史室：《华北治安战》，天津人民出版社 1982 年 6 月第 1 版第 109 页。

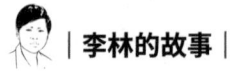

也就是说，按照日军的设想和计划，他们这两次"围剿"将要完全消灭晋绥区域的中共抗日力量，而终结对该区域内的围剿。李林奇袭岱岳之战的故事核心就在这里，日军这场计划中的终结之战的前一战，偏偏遇上了李林，李林策划并实施"围魏救赵"奇袭岱岳之战，一战胜之，一战粉碎了他们三期"肃政作战"结束之前的重要一战。关系到日军治安肃正整体计划中如此重要一战既然被粉碎，其终结必向后推演——第九次大"围剿"——这一次，则是因为第七次反"围剿"为主的前两次之失败，而不得不延续而为的后终结之计划——日军的南进就在某种程度上受阻了、推迟了——这就是李林此一胜战于日军南进大局的关系所在，也是于苏美大国的总体局势的关系所在。

于李林的命运而言，发生于同一个特定的历史背景下的三次大"围剿"，是一部戏的三个场次。李林在第九次反"围剿"中，为掩护抗日队伍转移，力战而死。

1939年（民国二十八年）10月25日早晨，洪涛山西部的黑龙池村一间窑洞，一封"双鸡毛信"送到屈健、李林、柏玉生三位晋绥边领导人手中。鸡毛信指在无邮递条件的环境下紧急传递的信件，由发信人在信封上插一支鸡毛表示紧急；插两支鸡毛的信件，则意味着特别紧急。信上报告说，日军第七次大"围剿"共调集洪涛山周边大于我军力量6倍多的2000余众，兵分七路，来势凶猛地向我根据地扑来，我晋绥各级党政机关、部分部队、政卫连和训练班、卫生队，分布在洪涛山西麓不到60平方公里的20多个村庄，陷入敌人的重重包围之中。进则硬拼必败，退则被动挨打，进退两难，情势危急。

收到鸡毛信的三人是晋绥边此时在场的全部领导。屈健为晋绥边秘书，是边区行政方面的领导人；柏玉生负责公安司法；组织委员李林，既是行政上的内务主管，又是地方军事的领导人。更重要的是，谁都知道，晋绥机关掌握的政卫连是李林一手带起来的，战士们见到李林就笑了，倒不管打什么仗、要不要命。这时，他们唯一可用的军事力量，也只有这个政卫连。

"双鸡毛信"是我方秘密交通员杨兴元从岱岳送来的。三位领导人向他详细了解了岱岳驻敌的情况，岱岳城里城外的地形地势，李林听着，按照自己的思路不时插问几句。她默默点着头，微笑着安排杨兴元返回。

鸡毛信传阅后，三人你看看我、我看看你，两个男人都把目光集中到李林的脸上。李林黑着一张脸，一言不发，望着窗外。

之后，李林回过头来，一字一顿、字字如钢地说出12个字：主动出击，围魏救赵，奔袭岱岳。

当年岱岳日军据点还有一半留在山阴县城岱岳镇中商街小东巷。
（王宝国摄影）

一张纸摊在一盘土炕上，三个人你勾一笔，我划一圈……自何处连夜突破敌人封锁线，到几点钟突入岱岳镇，怎样攻击敌据点，如何奔袭火车

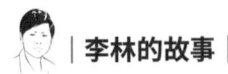

站，谁来攻打伪政府……一时间，竟然画成一张临时作战图。风险与困难不能排除，但方案合乎军事法则，也合乎此时此境的要求。

"如果敌人不上钩呢？"静了一会儿，柏玉生凝思着，不放心地发问。

"这就全看我们身临其境的本事了。"李林在刚画成的图上，又指点出行军与用兵的重点，又把屈健担心的大同日军铁甲车返回的时间，与他们的战斗计划仔细研究一番。屈健、柏玉生立起身来，四掌对拍，与李林笑起来。

10月25日下午，数千人敌军分从六个据点同时倾巢而出，分兵七路向洪涛山扑来。平鲁与山阴交界处的赵山、孟山一带山头上布满了日军的黄帐篷，他们烧起了一堆堆的火，更增加了恐怖气氛。"围剿"总指挥井首骑着大洋马奔驰在各个山头之间，仿佛他随时都要把脚下的大山蹬出个窟窿。

几乎同时，屈、李、柏三人率政卫连百余人从平鲁县与山阴县边界的黑龙池也出发了。他们的队伍一律斜背步枪，左臂上系一条毛巾，作为识别标志和联络暗号。他们借助熟悉山路的优势，巧妙地穿过一道道日军封锁。夕阳西下之时，队伍登上娘娘山俯瞰岱岳镇，望远镜里，只见日军的火车不时地通过，据点里的守军晃来晃去。

根据观察所见，三个领导人在娘娘山上进行一番详细地再部署：李林率机枪排攻打敌据点，以控制敌主力，这项任务最险最重；屈健率三排攻打敌火车站并切断铁路，以施加对敌整体压力；柏玉生率二排攻打岱岳市镇的伪机关，并向镇北通向陆家窑方向布防，以为战后退路。

一场激战就在当前，战士们在娘娘山饱餐一顿，歇息不题。

26日拂晓，政卫连如尖刀般直插而下。天色未明，部队一夜急行军

50公里，如神兵天降，直杀向岱岳镇。

在娘娘山部署时，他们曾确定三位领导人在铁路两侧利用地形建立指挥所，但当行动在前面的李林机枪排经过拟定的指挥所时，李林喊了一声："我前边走！"没等屈、柏答话，她已带着机枪排一阵风越过铁路奔向敌据点。这样，屈、柏二人也放弃了使用指挥所的计划，亲率部队冲杀进城。

李林率部主攻的敌据点是一个约有300平方米的四方院子。四面大土墙有7米多高，四个角上各盖一个炮楼，大门朝东，前后两个小院。李林神枪快马，随手击毙哨兵，顺手把队伍正面摆开。她亲手操起一挺机枪，一阵风跃上据点对面的屋顶，将机枪架在屋顶烟囱上向对面炮楼猛射。片刻之间，全排机枪分别对着炮楼的四个角激烈吼叫。

当年岱岳日军据点在中华人民共和国时代变成了山阴县文化馆，改革开放中拆除西半，其废墟似可象征李林当时激战情景。（杨中桢摄影）

听到李林这边打响，屈健的队伍在火车站也开了火，柏玉生部以伪镇政府为主要目标，在北部大街上开路出击。当李林机枪排把据点里的火力彻底压下去之后，岱岳镇上的枪声声势强大，战况激烈。两部在各自的战略区域都没遇着强硬对手。镇政府的汉奸、值勤在火车站和巡逻在大街上的敌军遇天兵突降，他们不知虚实，散的散，藏的藏。各处守敌不知来了多少八路军，完全慌乱。驻岱岳日军小队长西野窝身在据点出不来，一上午可做的事情就是摇电话机。

纵贯山西的南北交通大动脉同蒲铁路全长862.7公里，太原以北为北同蒲线，岱岳车站是日军北同蒲线的军事、物资重要枢纽。此处如果有个闪失，北同蒲线将全面瘫痪，驻当地日军将遭受重创。大同日军总部接到岱岳求援，惶恐极了，立即派部队乘铁甲车支援岱岳。但是，岱岳城北的几段铁轨早已被屈健与柏玉生他们七东八西地扔到沟里，开近岱岳的铁甲车只好北退至北周庄车站。于是，日军又从大同派出两架飞机前来助威，但因来者处在守军的盘子上，敌机派不上用场。

当日军的坦克、火车滚滚而归的时候，眼看着敌机在天空盘旋而去，李林等政卫连吹响昂扬的冲锋号。敌小队长西野听到，以为八路军又增兵了，吓得心胆俱裂，把电话机摇得火星直冒，他的眼珠子都快要砸落到电话机上了。敌人总部只得火速把派出的"围剿"大军全部调回。而李林他们的冲锋号是内部约定的撤退信号，在冲锋号声中，各部分头跑步急行军22公里，神出鬼没地撤出到北部的陆家窑①山头。

山上，战士们望着敌军惶然调兵，乱作一团，都开心地笑了。唯有李林没有说笑，她吹起了口琴，琴声中的旋律还是她的《心爱的战马》。

小部队打出了大手笔，不仅成功地粉碎了敌对我第七次大"围剿"，

---

① 时属怀仁县，1953年划归山阴县。

而且浓墨重彩地书写了一笔围魏救赵的军事典范。李林的军事抗日史，在调离部队后又起一座高峰。

这场战役又一次引起各方强烈反响，敌方驻太原的板垣师团长本间闻报大惊。

在抗日力量一方，李林撰文发表于 1939 年 10 月的《抗战日报》，报纸还加了编者按：作者李林同志，系牺盟晋绥边区委员会委员。她在抗战后曾率数百健儿挺进边区，出没于敌后方，屡次打击日寇，巩固了晋绥边区抗日根据地，建功甚伟，特于此为读者介绍。/ 编者 ①

---

① 见于《平鲁县党史县志资料选》第 1 期第 79 页。

洪涛山危局

自奇袭岱岳凯旋之日起，晋西北与晋绥边区的上空，风云翻滚。在这样的时空里，顶立天地间，担当人世间的那个人，其命运注定是牺牲者，也注定是英雄。

"堡垒" 之下

为什么敌人要向晋绥边区屡次进行大规模的"围剿"呢？我们知道，晋绥边区在今天来说是一块相当巩固的抗日根据地，已经使敌人"扫荡"华北，进攻大西北行动上受到极大阻碍，而敌人为了进行"扫荡"华北抗日根据地，为了进攻大西北，首先要扫清这条道路上的障碍物。要先击碎这大西北的堡垒——晋绥边区抗日根据地。这是敌人几次向边区进行大规模围剿的主要原因。①

奇袭岱岳之后，李林撰文对自己所在的根据地做出了切中要害的总结。那么，李林笔下的"堡垒"的产生源流与必然命运呢？

"用毛的话说，如果中共不仅要'保持已有的阵地'，而且要'扩大已有的阵地'，那么仅有的办法是，要么损害假定的盟友，在未被占领的地区扩张；要么在敌后占领区扩张，并让敌人付出代价。而当毛说到'阵

---

① 李林：《突破敌人的第七次围剿》，山西人民出版社《巾帼英雄——李林》1985 年 4 月第 1 版第 3 页。

地'时，他是指共产党领导下的根据地。做出选择并不难。前一种办法导致分散力量，易受责难，还可能发生冲突——在中共与阎锡山的关系中所有这些实际上都发生了。"[①]

"堡垒"这样形成以后，还有两件与之并存的大事也集中发生在晋绥以至晋西北——

一是日本实施治安强化，加大力度对区域内抗日力量频繁"围剿"。1939年末和1940年在华北的有计划的清剿，从日本人及其傀偁控制比较牢固的地区向外扩展，推进到游击和争夺区。最终目的是粉碎抵抗力量或使之失效。清剿的步骤是首先在某一地区，清除抗日分子，然后建立起一系列能够迅速互相增援的互相联系的强大据点。[②]

二是中共领导的力量要在国共合作范畴进行"反顽固"，建立自己的晋西北政权，斗争压力加大，资源压力加大，工作压力加大。

有这些背景，我们更加理解，李林所参与建立并勉力维护的"堡垒"的重要和不容易。

李林（左三）和战友们。（王彪供图）

堡垒之下，以她为主的同事们天天都在与危机共舞；李林的脚下，步步踏着地雷阵。对于李林的命运来说，第七次、第八次、第九次大"围剿"如

---

① ［美］费正清、费维恺:《剑桥中华民国史》，中国社会科学出版社1994年1月第1版第612页。

② ［美］费正清、费维恺:《剑桥中华民国史》，中国社会科学出版社1994年1月第1版第672页。

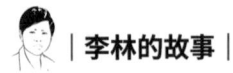

同是一部戏的三个场次，第一场起的是震撼人心的高潮，第二场埋的是不可预见的伏笔，第三场演的是慷慨悲壮的结局。

"反顽"之后

就在李林参加"秋林会议"（1939年3月25日）之前1个月，郑林带黑登亮、肖康、郑福成、孟元贞等8人从晋绥边区到延安，受到毛泽东接见。[①]

毛泽东是抗日民族统一战线的提出者和推动者，但他同时有着极为明确的主见。到1938年秋六中全会时，中共的官方立场是全力支持蒋介石和两党合作。但在私下，毛以赞许的口吻引用刘少奇的话说，如果"一切经过统一战线"，意思是经过蒋介石和阎锡山，那么这就不是联合，而是投降了。作为替代，毛提出，中共遵守国民党业已赞同的协议，但有些事要"先斩后奏"，有些事则"斩而不奏"。他最后说，"有些则暂时不斩不奏，例如那些如果做了就要妨碍大局的事情。总之，我们一定不要分裂统一战线，但又决不可自己束缚自己的手脚"。[②]

毛泽东对郑林着重强调"必须加强我党对抗日统一战线的领导，坚持独立自主的方针"，严肃指出，提"国共长期合作"可以，喊"国共合作万

"反顽固"之前，国民政府第二战区司令长官阎锡山（左）和副司令长官朱德在一起。（朔州市李林英雄文化研究会资料图）

---

① 赵冬生:《郑林生平概述》，政协山西省委员会《山西文史资料》总第69辑第141页。

② ［美］费正清、费维恺:《剑桥中华民国史》，中国社会科学出版社1994年1月第1版第610~611页。

岁"是错误的。①

毛泽东指示之后，中共领导的"反顽固"斗争开始了。

1939 年（民国二十八年）12 月中旬，屈健、白履荫②要到晋南去参加牺盟会的大会，但他们对国共合作的新变化心生敏感，行经交城县山区时，就近请示了中共晋西北高级军政干部雷任民、李力果。雷、李二位领导指示说：合法斗争已经不行了，党在做"反顽"准备。你们也不必参加牺盟会的这个会议了，返回去安排"反顽"斗争吧，要进行明枪明刀的斗争了。

屈健、白履荫得到这一指示的同时，牺盟会总会举行了最后一次会议。山西省牺牲救国同盟会已有 40 个月历史、300 多万名会员，被后世评价为"统一战线历史上的一面光辉旗帜"，曾为三晋大地万众欢呼。在抗战最艰苦、最需要的时刻，牺盟会黯然谢幕，晋绥边区人和晋西北区人的一段奇特的双重身份史就要结束了。

得到这一指示后，屈健、白履荫又远途请示了在外开会的晋绥边委书记赵仲池，确定晋绥边的"反顽"斗争由刘华香、郑林、李林负责。

洪涛山地区③反顽固斗争是整个山西反顽固的一个组成部分。

根据晋西北区党委的指示，雁北地区的反顽固斗争是采取先发制人的方针部署的。在边特委统一领导下，以牺盟决死队为主力，六支队骑兵营积极配合，于 1939 年 12 月 28 日分路向顽固派发动反击。牺盟边委会王平带骑兵营进击左云县顽固政府；李林带边委会一个排进击怀仁县政府，柏玉生带十八团二营进击右玉县政府。④

① 赵冬生：《郑林生平概述》，政协山西省委员会《山西文史资料》总第 69 辑第 142 页。

② 白履荫（1920–2004），又名石磊，山西省朔县人。抗战时期曾任牺盟会政治交通局第 16 分局主任等职，1949 年后曾任中国人民公安大学党委书记等职。

③ 洪涛山地区，与下段"雁北地区"同指晋绥边区中心地带，以今山西省朔州市为中心。

④ 屈健：《洪涛山抗日游击根据地的创立和转移》，《平鲁县党史资料选》第 15 期第 18 页。

自 1939 年（民国二十八年）12 月 28 日至翌年 1 月 1 日，晋绥边区一齐枪响，中共组织武装夺取本区域内阎锡山政府基层政权及组织，将抓捕到的政府人员处决的处决、驱逐的驱逐，全部处理。

中共组织完成了"反顽"，侨女李林随之易职为完全的行政干部。她担任了 18 个月的党内一组一军两职，分别于枪响前后移交于晋谒过毛泽东的郑林和毛泽东的警卫员姜胜，郑林为组织部长①，姜胜为军事部长。但是，夺取政权容易，建立和护卫政权，正是任重道远，关山万重。在晋绥边区干部——尤其是即将担当行政领导的李林面前，一片晋绥大地，一度政府真空。未来的事情如何办理？她的命运将如何演绎？

中共领导的晋绥力量在日伪频繁"围剿"、经济封锁的压力下实施了"反顽固"，脱离了阎锡山山西政府的供给，另起炉灶建立自己的政权，因而陷入了独撑艰局的困境中。一方面是政权机构缺人，另一方面是吃穿用度缺物。双缺困境下，洪涛山军民衣食难继，机关常驻地之一——黄草沟村，连以前的秧歌班戏装都给干部战士改做了军鞋，而还有很多战士在打赤脚。最为苦不堪言的是吃饭问题，一日两餐，难得一饱。

这期间，李林曾经像在偏关田野拣拾大豆一样，带着一把铁铲顺道挑苦菜。李林约了黄草沟姑娘韩桃枝一起下地，跟她学习挑苦菜。初春的山梁坡地，农民刚刚播种的作物正在地面之下萌芽，地面上看起来一片灰黄，苦菜在哪里？只见韩桃枝一到地里就弯下腰，用右手中一把铁铲在什么都看不到的地面，东一下西一下地剜，一根根嫩白的菜茎像会跳的精灵从铲子上跳到她的左手。李林仔细观察，终于从土面

---

① 关于从"委员"到"部长"的职务改异，盖为诸回忆录因循于新习惯的称谓而已，其实质无异。

上微微爆开的小裂口认准了深红泛紫的苦菜叶尖儿。李林学会了，下乡进出，出时两把，归时一篮，从宽厚的大地挑出这救命的代食品。

贺龙之心

1940 年（民国二十九年）1 月 28 日至 2 月 3 日，晋西北人民代表大会（又称晋西北军政民代表大会），在中共领导的晋西北区首府兴县蔡家崖村隆重召开，李林被推选为代表出席了大会。

欢迎女英雄李林参加代表大会！

欢迎来自前线的战斗女英雄！ [1]

看到会场内外张挂的标语，李林第一次感到了难为情。因为，带兵作战的女代表唯有她一人，人未到，声先闻，成为大会的亮点。

李林一进场，全场 300 多名代表纷纷自动起立，热烈的掌声和好奇的目光向李林包围而来，她就像所有人久别重逢的老战友。李林的两只手在无数人的手掌中传来传去，各地口音的"女英雄"的喊声响成一片。而到这时，李林倒毫无英雄气势，她腼腆得像个从没走出校园的女生一样，谦虚地接应着众人。

会议开了 7 天。2 月 1 日至 3 日召开的第一次行政会议上，宣布成立山西省第二游击区行署（这是为了便于进行统一战线工作，沿用阎锡山政权机关的旧称，1941 年 8 月 1 日改称晋西北行署），[2] 已经担任第 11 专署（原晋绥边区范围）秘书主任的李林，当选为行署委员。

在行署成立后三天的分组讨论中，李林是个持续的轰动焦点。她的发

---

[1] 屈健：《归侨女英烈——回忆李林》，福建人民出版社《闽山鹭水共千秋——福建女英烈》1990 年版第 253 页。

[2] 本书编写组：《贺龙传》，当代中国出版社 2007 年 1 月第 2 版第 182 页。

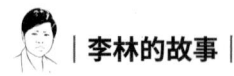

言自然很丰富。比如，永远要建立一支打不倒、拖不垮的游击武装；要用真情和人民群众相处……但不管她讲多少，大家还是意犹未尽，好像李林的肚子里一定深藏着百战百胜的秘诀、神奇的法宝。于是，李林就在会余被代表们的走访包围起来。

李林的住处是离会场不远的一户干净院落，摄影记者出现时，很多人都要求与她合影。大家亲切的、尊敬的声音响成一片——

"李林同志，你写的文章真有气魄，你是文武双全的女英雄！"

"听说你在雁北干得不错，后来又看到报上说你围魏救赵奇袭岱岳，粉碎敌人的大'围剿'，好想去雁北瞧瞧你啊。"

"李林同志，几年不见了，好想你啊！"

"阿林啊，你还记得吗？在太原军训，你就和别的女学员不一样啊……现在和'鬼子'真刀真枪干上了，真想听你谈谈……"这是三年前太原军政训练班的几位女学员，这时，她们已分别做了"反顽固"之后各地新政权的行政骨干，她们对真刀真枪战日本的李林，当年崇敬，今更仰望。会议期间，李林与她们再叙友情，畅谈革命，合影留念。

问候声稍缓之间，有几位老同志插上来关切地询问："李林，雁北地区生活艰苦，斗争残酷，你一个女同志能坚持吗？有什么困难？"

无限的好奇包围着李林，围在她身边的每个人都想做最后一个离开的人，看看人少了她会说出什么秘诀。李林只好就大家最集中的问题，归拢起来回答。比如，关于自己被高额悬赏了之后是怎么保障安全的，李林就说要跟老百姓用真心换真心，老百姓就会成为你的保护屏障……秘书孟允中见机插话，告诉大家，首长李林在雁北有多少干妈、多少干姐妹，这一报道把更多的好奇吸引到李林的身上。

李林微笑着试图引深话题："我的秘诀就是——越是危险越是要打出去！没有打大仗的机会，就去老百姓中间问问大家最痛恨哪个恶霸，问问哪个恶霸有汉奸行为。"

孟允中看李林说话说得累了，故意做出说悄悄话的表情，对大家补充了一条独特经验，叫作"三不三办"："想赢得人民群众的真心拥护，不用担水，不必劈柴，不须扫院——那些都是老百姓不需要帮助的小事情。要给老乡办大事，办难事，办厉害事——谁家孩子读不起书，救助他们；有童养媳的，一定要解救或取缔；要给老乡们铲除恶霸，还要鼓励他们团结起来对付以后的恶霸。"这是李林行动上、思想中，关于民间人文生态与政治的关系、与抗战事业的关系、与我们队伍的生存关系的成果。孟允中这么一补充，扫清人们脸上最后的疑团。

李林最高兴的是，此次参会能有机会见到贺龙。

贺龙……一见到李林，立刻上前握手，第一句话就是："欢迎你，来自前线的女英雄。"李林向贺龙司令员立正，敬了个军礼……贺龙哈哈大笑起来说："你是真英雄啊！谁不知道，连鬼子都怕你三分。"①

贺龙一回头，发现又有很多人拥到身边。见华侨女将，众人之愿也；见贺龙将军，众人之愿也；见将军与侨女的会晤，尤为众人之愿也。贺龙一见这么多热情的人们拥在身后，就让李林骑上菊花青战马在山坡上奔驰飞跃了一回，算作对身后越涌越多的人们来一个总的答复。

"在行署成立的第一次委员会上，李林受到贺龙将军的接见。贺龙将军和她进行了十分亲切的谈话，询问了她的身世，雁北对敌斗争的情况，表扬了她在敌后斗争中的英勇事迹和领导才能。'一个女同志，一个来自

① 贾唯英：《侨女之光——记抗日女英雄李林》，重庆出版社 1993 年 12 月第 1 版第 174 页。

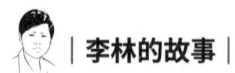

大城市的知识分子，能带领骑兵，纵马横刀，出没在长城内外，大战日本鬼子，打出了威风，很不简单！值得大家向你学习。'"①

44岁的贺龙，历经长征，浴血抗日，南征北战，自是见多识广的人物，他对眼前这位骁勇善战的华侨女将，特别关注，异常欣赏，除了英雄相惜的本能意识，至少还有三层缘由在。

第一，二人曾有相同的遭遇与影响。

看见曾被敌悬赏五千大洋的李林，贺龙一定联想到自己同样的经历。土地革命时期……一次战斗中，贺老总带着部队被数倍于我之敌包围……国民党白军三面包围上来……喊叫着："捉住贺龙赏银圆五千元，官升三级！"②故事相同，赏格也相同，如此难得的两个人，竟然有缘相会。贺龙的欣赏之心与欣喜之情不言而喻。

第二，李林的出现，勾起了贺龙对自己三个姐妹的怀念。

贺龙的三个姐妹都是武艺超群的游击队女将。姐姐贺英（原名贺民英，幼名香姑）武艺高强，曾经只身深入土匪巢穴生擒了匪首，收编了几百土匪。妹妹贺满姑善使双枪，对阵时总是身先士卒，令敌闻风丧胆。小妹贺戊妹同样武艺了得。但她们先后或壮烈战死，或被俘牺牲。就在此前两个月的时候，贺龙对来访的作家何其芳、沙汀讲自己的斗争故事，他特别提到了他的姐姐贺英的帮助。总是他的队伍垮了之后，他这位姐姐却又帮他组织起来一支农民的队伍，交给他。③

第三，贺龙对李林的特别关怀，还有更重要的一方面。

① 孟允中：《巾帼英雄李林》，山西人民出版社《巾帼英雄——李林》1985年4月第169~170页。

② 马云：《贺龙与军马》，政协山西省委员会《山西文史》第35辑（1984年10月）第121页。

③ 何其芳：《记贺龙将军》，新华出版社《抗战烽火录》，1985年8月第1版第603页。

关于晋西北大局，晋绥边区的位置，更复杂的背景，更严酷的未来，贺龙比李林更了解、更洞察；却不方便与她平铺直叙讲出来。

万千心意，无法一一道来，贺龙只是热切地挽留李林在晋西北机关工作。接见中，贺龙还一再询问李林有什么困难，是否愿意调来后方工作，最后还加了一句："大家都希望把我们的女英雄调回来呢！"①

李林还是坚定地表明自己还要回到雁北前线。贺龙身边有了解李林情况的同志通情达理地补话说："如果需要把屈健同志一同调来后方，首长也能考虑的，不是难题。"贺龙微微颔首，烟嘴停在唇边。但李林再次表明，自己坚守在雁北前线完全是为了打击日军，不是因为个人问题。她特别强调，晋绥边区是敌人几方力量的半包围圈，是整个晋西北地区的堡垒，那里更需要我真刀真枪战日本。

贺龙很受感动，只得放行。他意味深长地、特别恳切地嘱咐李林务要警惕，注意防身……再三保重之后，贺龙赠送李林一支八音手枪。李林捧枪在胸前，憨笑着再三称谢。

在场的好多人洞察到了贺龙对李林英雄相

李林在晋绥。（朔州市李林英雄文化研究会资料图）

---

① 贾唯英：《侨女之光——记抗日女英雄李林》，重庆出版社 1993 年 12 月第 1 版第 174 页。

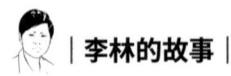

惜的爱护之意，大家纷纷接着贺龙的话题，不厌其烦地提醒李林：要注意防身……

张国声、①苏谦益②等晋西北高层人士都另设安排，会见了李林；张国声还送给李林一支驳壳枪。李林接枪一看，上刻篆字两行，上为"一七式"，下为"民国十八年晋造"。这就是有名的中国毛瑟枪，又叫"大眼盒子炮"，李林喜不自禁，连声称谢。

吕梁山上的一周时间，从将军到各界人士，围绕着李林的热切关怀，更多内涵是含在话语间、声音里、表情中的。也许，大家从李林身上联想到一个规律：珍贵之物，往往会成为易碎品、易失品。尤其是面对透明而纯净的珍贵，人们欲言而又无法明言的，是无限的珍惜、无名的心疼。

---

① 张国声（1912-1997），山西翼城县人。抗战爆发后参加开创晋绥抗日根据地工作，1937年起任山西牺盟会太原市第一区工作委员会秘书、牺盟总会晋西北办事处主任等职。1940年后历任晋西北行署二专区专员、行署民政处副处长等职。1949年后，先后任中共青海省委常委、书记处书记，青海省省长等职。

② 苏谦益（1913-2007），绥远省（今属内蒙古自治区）托克托县人。1936年7月起，参加山西牺牲救国同盟会，先后担任牺盟会山阴县特派员、临县中心区党团书记，晋西北牺牲救国同盟会办事处组织部长、党团书记等。1949起，先后担任绥远省副主席兼蒙绥分局企业管理委员会主任，内蒙古军区副政委，中共绥远省党委副书记、代理书记，北京理工大学党委书记、院长等职。

第九章

荫凉山上侨女战

1

东平太危局

谁能想到，自晋西北盛会结束之日起，李林的生命只剩下 81 天了。

81 天里，李林坚守在洪涛山中，却像一只小船飘向了茫茫海天。

张崖沟惨案

就在中共方面另起炉灶后独撑艰局，紧急进行"四项动员"，向地方社会要生存的困境中，日军对洪涛山区晋绥抗日力量的第八次、第九次大"围剿"接连实施。

时为李林出席晋西北军政民代表大会后返回洪涛山的第二个月，1940 年（民国二十九年）3 月。

外是敌方频繁"围剿"、经济封锁，内是国共失和、全面困境。日军的第八次大"围剿"，就是在李林等人紧张奔波维持政权运转的最艰难时刻实施的。3 月 3 日起，日军分从平鲁、井坪、朔县、岱岳调集兵力 4000 余人，兵分六路包围了洪涛山根据地。各机关采取分散突围，"张崖沟事件"之外，基本上突围成功。

3 月 5 日，晋绥边妇救会秘书李桂芳率 13 名妇女干部转移到吴辛寨村。这个时间临近"三八"妇女节，她们准备举行纪念集会，但四面受困，艰而又险，难以如愿。13 日、14 日，李桂芳连续收到三封鸡毛信。是身在不同驻地的李登瀛、屈健、李林传送来的，他们先后获悉了日伪

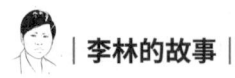

军进山"围剿"的信息。通信员薛翠莲每送一信，都急报一句："又是双鸡毛……"

14日下午收到第三封鸡毛信，李桂芳下令紧急开晚饭，放下饭碗急转张崖沟村。15日早晨，新生的抗日民主政府五区区长戎存仁亲身来张崖沟报信："围剿"的敌人马上要进村。险境之下，妇救会秘书李桂芳放不下一件事：自己于上年9月22日出席晋西北妇救会第一次扩大干部会之后5个多月了，这次好不容易聚集起一部分妇女代表来，如果这次开不成会，再集中人，就遥遥无期了。此外，她们曾有多次避身煤窑的经验，而脚下的张崖沟正好有一座合适的废旧煤窑——半崖窑，她决定转移入窑。

李桂芳是上级领导，戎存仁是基层干部，他听李桂芳的。

张崖沟村里还隐蔽着独立六支队步二营教导员田祥瑞、连指导员王瑞等5名伤病员，敌人来了会受连累。李桂芳等13名妇女干部会同他们5人一起隐蔽入窑。

执行这次"围剿"搜查任务的是清乡队。清乡队并没有什么战斗力，但它有两个可怕之处。一是这些人都是由地方上比善二都要更恶劣的人组成，他们行事方式无任何底线，极其流氓、狠毒；二是这些人熟悉地方，每个人与各村都有各种各样的关系牵连。

日军随军记者所摄日军入侵山西的镜头。
（选自《日军侵晋实录》）

进入张崖沟村的清乡队，队长安排部下例行搜查，自己到村南通往半崖窑过道下边一户人家去了。这家的男人为了让对方早些离开，说屋顶小路有人群脚步声响过，说不准是共产党藏煤窑了。清乡队头子一听，摸出哨子吹着出了屋，清乡队返身而回，直扑煤窑。

18 名干部战士在窑底第一条大巷唱着歌，井口传来敌人的喊话，他们从容转入第二条采煤巷，抽去两巷之间的浮桥板，以为万无一失，纷纷打起手电筒展书而读。忽然，18 人一齐咳嗽起来，曹柯大喊："不好了！敌人投下毒气弹了……"有人喊赶紧往里走，有人喊赶紧往外走，一阵慌乱，其中的当地人宣翠英提出一个办法：大家赶紧取毛巾，捂住口鼻……

清乡队撤离后，窑口上立刻聚满了人，富有煤窑抢险经验的当地人紧张而有序地下井救人。就近的一所煤窑值班小屋成为临时救治所，有的带着大皮袄裹送伤员，有的给伤员扎针放血……一番抢救，除距离井口较近的曹柯、薛翠莲二人侥幸脱险外，李桂芳等 16 人全部遇难。

李林闻听惨案，立刻奔赴张崖沟，她抚着 16 口棺材号啕大恸，她抚着病床上的曹柯和薛翠莲哀哭不止。棺材里面的大多是她一手调教出来的人才和慕名从南方追随她而来的人……

李林来看曹柯、薛翠莲，给她们组织来各一箩头①鸡蛋。薛翠莲说，她喝下这些蛋清，最终保住了她的嗓子，使她能在后来的村干部生涯中效力 40 年，名满平鲁县。

李林第二次来看二位受伤姐妹的时候说，16 烈士的追悼大会就要召开了，如果她们能行动，就一起参加。二人仍然只会摇头，不能说话。

1940 年（民国二十九年）3 月 22 日，是 16 烈士的"头七"，②中共

---

① 箩头，雁北人使用的一种圆形篮，以椿柳条或榆条编成。可盛鸡蛋 10 公斤左右。

② 民间为新亡之人举行七个七天的祭奠周期，"头七"为第一个七天的第七天。

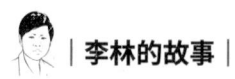

晋绥边委、十一专署、一二〇师雁北独立六支队举行 16 烈士追悼大会，张崖沟方圆十多个村庄上千人黑压压地围在半崖窑附近一块荒地。荒地中间起了 16 座新坟。坟前开会，领导讲话。李林的讲话声泪俱下，引得全场呜咽。大家听着李林的哀哭，都知道她从来没对人提过自己的家世，一张脸从来都像铁一般刚强，只有面对士兵和老百姓的苦处，才伤心不已。

张崖沟惨案直接影响到下一次反"围剿"的策略，影响到李林的命运。

千人大突围

"张崖沟惨案"后仅 40 天，日军对洪涛山抗日力量的第九次大"围剿"紧接而来。此次，敌我两方都汲取了前次的教训，"围剿"和反"围剿"都有了大改变：敌人鉴于前八次出兵数千人的大"围剿"都没捞着好处的教训，此次共调集同蒲、平绥铁路沿线各个据点日伪军警各种兵力 12000 余众，兵分多路，分从多个区域扑向洪涛山区，其兵力之众、来势之凶猛都出人意料；晋绥方面则鉴于"张崖沟惨案"的教训，采取了集中突围的策略。

这段时间里，李林在做什么？爱人屈健生病，她自己经检查已有三个月以上的身孕。李林陪他在一个静谧的小山村黄草沟一边开展工作一边养病。当爱人屈健转移到黄草沟之东 16 公里的窝棚沟村去养病时，李林没有陪他同去，而是自觉地挺身而出，参加了反"围剿"战斗。

此刻，摆在李林面前的，装在李林心里的，是洪涛山根据地已经形成的一级危局中正在酝酿的二级危局。一者，军事部长姜胜是新任的，而且是从延安来的，更重要的是他曾在中央特务队当过直接服务毛泽东三年之久的警卫班长；二者，晋绥地方军事长期以来的培育人、带兵人是李林……

反"围剿"战的起步地是吴辛寨村。[①]

从朱家嘴村转移而来的白履荫，在 25 日临近黄昏时带队北抵吴辛寨。白履荫命所带人员在村街就地休息，他去见李林。李林一面和姜胜等同志们交谈，一面脚蹬板凳扎绑腿、紧皮带，麻利地打开一大一小两把手枪的保险与弹仓，检查一番。看到白履荫进门，李林将手枪插回腰间，通报了敌情和初步的突围计划。

"据情报，此次敌人重兵包围的目标是乱道沟村。"

"周围各个据点的敌人都出兵了。朔县、岱岳之敌也已经出发，西边、北边的沙城据点、井坪据点、曾子坊据点的，也在出动。看来又是一次大'围剿'。"

"边委决定，这次，我们接受上次反'围剿'中'张崖沟惨案'的教训，我们的群众团体一律跟军队集中行动。"

"我们必须在夜晚十点以前赶到乱道沟，再与六支队步三营会合，在部队掩护下突围。"

在白履荫的印象中的李林，站在那里，威武，坚定，沉着，显示出一个成熟的军事指挥员的素质和英姿，给毫无军事斗争锻炼的人们无形中增添了信心和力量。[②]传达组织上的决定时，她倒背双臂，挺胸振声，朗朗而言。在白履荫眼里，李林一派军事将领风范，大兵压境的紧张局势下，李林讲话的口气与神态却那么从容镇定，从她身上，同志们获得信心

---

① 　与朱家嘴村（又名嘴子上村），一南一北，同属今朔州市平鲁区下面高乡。
② 　石磊:《民族英雄，良师益友》,《平鲁县党史资料选》第 15 期第 36 页。

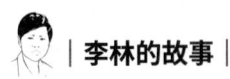

补偿。

白履荫同时也想到李林变换的身份：21个月前，她是驰骋晋绥的八路军军官；17个月前，她变成管文兼武的党组织地方官；4个月前，她的一党一军二职均已移交；但军事的真实压力显然没有离开这矮小的侨女之身——不管她在不在党组织核心之内，手中有无军事指挥权。

在部署反"围剿"的急难关头，李林还抽空给远在被围剿范围以外的右山怀县王焕光县长写了一封协调转移的信——

王县长：

来信接到了，除了你们听到的消息外，我们听到岱岳之敌到上下喇叭、水头、东庄一带，井坪之敌到小峰山一带，你们如果决定行动和我们一块时，可以来乱道沟找我们，会有人给你们接头。否则你们商讨，趁敌人兵力不到（的）空虚方向走也可，由你们自己决定，此地有我们的人在，如果你们来问就知道。

致

敬礼！

李林　　　　25/4

李林讲话后，天已大黑，即命令警卫员王海林："通知各单位立即出发，不准掉队，不准讲话，不准抽烟，有事低声向后快传。"

25日天黑尽时，李林与姜胜率所部政卫连，掩护驻地人员及由其他各村转移来的人员共400人队伍东出吴辛寨，朝着西北方向8公里左右的乱道沟村进发。

夜10点，李林、姜胜率队伍准时赶到乱道沟。步三营还没到。郑林、姜胜、李林、柏玉生前去参加赵仲池主持的突围部署会议，队伍在村前河湾就地待命。云团飘来飘去，月光时显时隐。

这个夜晚，在乱道沟村李林的房东吴天德家，特委、专署的领导紧急开会，研究决定，由特委军事部长姜胜同志担任反围攻总指挥，采取"集体突围"的方法，从敌人力量比较薄弱的平鲁城方向（根据情报没有发现平鲁城敌人出动）突围出去。①

那么，李林这个不是总指挥的领导成员做什么、怎么做？从概念上是无论如何都讲不清楚的，也没法推断，只能进入历史的真相里面去切切了解，细细体味。

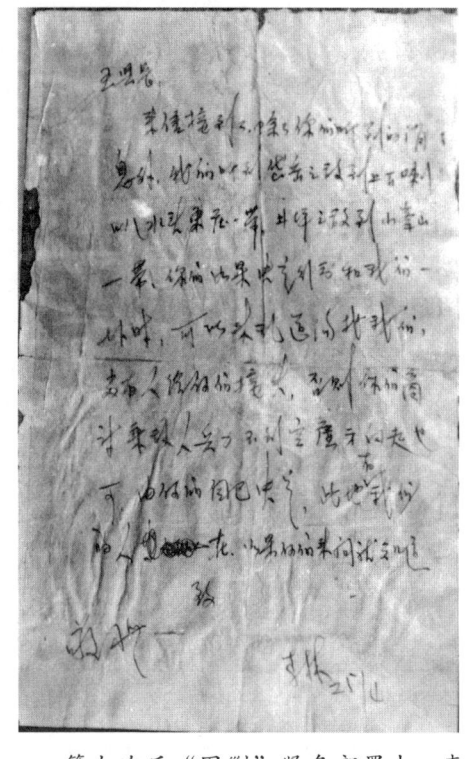

第九次反"围剿"紧急部署中，李林关于大突围致右玉县长的亲笔信函。（朔州市李林英雄文化研究会资料图）

指挥部研究决定，此处集结的人马北上突围，驻防于乱道沟村以北16公里处南旱井村的一二〇师雁北独立六支队步三营向东北方向转移至陶小峰接应，会合而后在翌日拂晓之前行军40多公里，到达平鲁县城附近山区。

专署副专员武养民预先西进群山寻找步三营，交代这边组织上的突围决定，能够不失时机地会合。

---

① 董祺文、苏壁:《东平太事件》，山西人民出版社《巾帼英雄——李林》1985年4月第1版第66~67页。

乱道沟村，晋绥边区第九次反"围剿"战部署地旧址。（朔州市李林英雄文化研究会资料图）

云团飘过，清亮的月光照在静寂的山川，乱道沟会合后的 700 人队伍为等候步三营的回信而迟至午夜后才出发。出发前，就着轻浅的月光，赵仲池和李林二领导在河滩对大队伍做了讲话。

赵仲池宣布边委决定和成立的指挥部，做了突围动员。

李林讲话，做行军指示："同志们，敌人从四面把我们包围起来了，妄图消灭我们这些抗日力量，我们一定要打出去，突出敌人的包围圈。前边有我们的主力步三营，后边有我们的政卫连警卫着，大家放心。在行军中一定要服从命令听指挥，不准掉队，不准落下距离……"

村西的山上起风了，呼啸的早春寒风吹来，村中传来一两声凄凉的狗吠，将一种隐隐约约的压力吹布在乱道沟的人群中。静静的队伍里，有人想咳嗽，立刻把嘴埋进衣襟里。

在大山的呼号声中，队伍呈一字长蛇阵北出乱道沟，跨过郭家窑村前大路，朝西北的山谷中前进，在陶小峰附近的山沟与步三营会合为千人大队。按照指挥部的部署，步三营为前卫开路，姜胜、李林带政卫连作后卫，保卫走在中间的大队伍前进。中间的队伍是党政机关、群众团体和干部训练班等，他们既无战斗经验，也没有武器。

星月隐隐，道路迷茫。行进约 17 公里，是一处沟叉路口，突然爆出一阵枪声，划破了夜空的宁静。队伍中部训练班学员队形乱了。这时，极容易发生的事情是有人私自奔逃，一人开步，一队即乱。有怀仁鹅毛口村关帝庙广场跑散自卫队的教训在前，李林当即命令队伍中部全体非战斗成员就地卧倒，指挥政卫连拉开距离分段掩护。拿枪的战士护卫在旁，也是监视在侧，队伍恢复了秩序。

"前面有情况，就地休息待命。"这时，前面的步三营传来指令。李林回顾全队，一条长龙压在山川，也压在她的心头。

"向后左前方东平太村前进。"几分钟后，前面又有话传来，同时，步三营转过了北坡。李林与姜胜一前一后指挥队伍向坡下的西北大沟跑步行军，保持与步三营同步。千人队伍行约2公里，步三营登上了坡头小山顶，这算是一个战略制高点，也似乎是全队的希望之路，后队七百双眼睛紧盯着前面三百个身影——爬也好，飞也好，你们怎么我们便怎么，大家冲出这座小山头，就是出路。

但就在这时，埋伏在南北山头的敌军炮火骤响，步三营的三百身影不见了，后队被敌炮火压在坡下。这时的步三营队伍中，康庄和李登瀛决定：派出一个连从南梁上插下去，接应包围圈里的同志，但打了两次没有成功，这时敌人已向七八九连迁回来，如继续待下去，就有被包围的危险，康庄、李登瀛果断决定，向张小峰撤下去。[1]

步三营离开了保卫对象，敌人重兵包围的严重程度，已经显示出来了，我方的主要保卫力量就在这里失去了。这是此次反"围剿"战出现的第一个危局。

---

① 董祺文、苏璧：《东平太事件》，山西人民出版社《巾帼英雄——李林》1985年4月第1版，第68页。

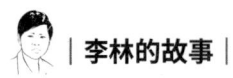
所幸，李登瀛和专署副专员武养民，在步三营中得到保护，安全突围。

夜黑东平太

第一个危局之下，李林根据自己平时活动行经这一带的了解，与赵仲池、姜胜商议：敌人的炮火虽然猛烈，但我们的千人突围大队被一切两段，敌人一时没有准确目标；我们指挥政卫连保护大队伍顺沟而出，行军数里，可到东平太村。

后来的事实证明，东平太与其紧邻的西平太两村群众给落难队伍的掩护，比步三营这个武装力量还更强大、更管用。不知道李林与赵仲池、姜胜在进入东平太之前是否想到、谈到。

700人队伍从东平太村北穿过睡梦中的村庄，集结在村南空地。黑黢黢的天穹下，面前的南山是静寂的，身后的村街是静寂的。静寂中，轻微而神秘的声息，使700人无不洞晓，村南的山上也已布满了敌军的火力，无数黑洞洞的枪炮已经对准了这群不幸的人。天一亮就是生死分界线。虽然始终没有人哭出来、说出来，但是很多人本能地急促起来的呼吸声已经在传递着一种生命的变调。在火力袭来之前，牺牲的鲜血已经横流在人们的想象中……救苦救难的观世音菩萨，你在哪里？

这时，从村北帽儿山下来两个人，侦察兵走近一瞧，老乡模样，盘问了一下，二人说是朔县人，家里有人病了，连夜赶回家的。又问在北山上碰见啥人没有？说是山上有八路军。队伍里一位科长说了声："是不是我步三营回援来了？"众人都觉得顺理成章。李林问侦察战士，那两个人朝哪个方向走了？答说二人说完有八路军就不见了，天黑，没看清。姜胜说，机不可失，不如从政卫连挑人组成尖兵班上帽儿山探路，因为这时步三营与队伍刚刚脱离，敌人或许还不摸底细。

尖兵班上山，看到前面黑压压一片，发问："哪一部分的？"话音未落，机枪响起，被敌人打了埋伏。后经查明，两个"老乡"是日军所带的朔县汉奸，他们为了日本人承诺的每人一石莜麦而诱陷了我抗日力量。在追悼李林的大会上被处决——这是后话。却说这时的东平太，尖兵班边打边退，撤回东平太。

敌军主力在南北两山都已暴露，被包围者也已暴露。第二个危局已然铸就。赵仲池看出了事态凶险，深不可测，他作出的第一个决定是安排队伍中的妇女和伤兵去敲东平太群众的门。

日本侵略者对华政策，以1938年（民国二十七年）后半年的武汉会战为界，之前妄图速战速决，数月亡我中华，因而烧杀抢掠行为层出不穷；之后则提出"长期战争，长期建设"的口号。而在作战上也就提出包括武力战、政治战、思想战、文化战、经济战等各方面的所谓"总力战"……敌后的抗日军已到处散布，抗日根据地也已开始建立起来，所以敌人不能不"回师"敌后，进行所谓"扫荡"。华北敌酋声称："业已停止进攻之锋锐，进入向建设明朗华北之目标迈进的新阶段"，即是说进入"治安肃正"的阶段……1939年初，敌华北方面军司令部以军事极密文件发出"治安肃正纲要"……即是说首先用武力来"扫荡"，打过了之后接着就来一套欺骗麻醉的工作……企图达到"建立安居乐业之明朗华北，同时并确立长期建设之巩固不动的基础，以期迅速达成出师之目的。"①

"治安肃正"新政策下，日军停止了对民众的侵害行为，改以文明王

---

① 漆克昌：《日寇在华北的治安工作》，中央档案馆、中国第二历史档案馆、吉林省社会科学院《华北治安强化运动·10》（中华书局，1997年12月）第88~89页。

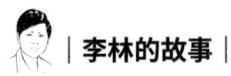

道的面貌来实现其长久的侵略目标。此刻的东平太、西平太，早起开了门的老乡已经不少，赵仲池安排出来的30多位同志获得群众的掩护。上午，日伪军进村搜索，东平太、西平太两村群众舍身掩护，隐蔽到村的抗日人员全部脱险。

那么，余下的大队伍怎么办？谁也不知道。

帽儿山下来的"老乡"提供的信息不但使被包围者延误了战机；而且暴露了队伍转移状态。敌人重兵包围的目标本来是乱道沟村，得了两个汉奸的反馈，知悉东平太村里出现了对手，东平太南北两山向东移动的敌军大部队停滞不动了。此时，从东南方向持续不断地传来敌人小钢炮的打击火力，是乱道沟村西南台墩山的敌大队开火了，东平太南北两部敌人也同时开火。枪炮声远近呼应，困在东平太的队伍腹背受敌，像一叶危舟卷进万顷狂涛。

在震耳欲聋的枪炮声中，赵仲池、郑林、姜胜、李林在黑暗中也能感觉到，700双眼睛在眼巴巴望着他们四位领导干部。此刻的"延安部长"姜胜，他身在其职，为眼下的局势又急又痛，恨不得用自己的生命换取局面的安全，却一筹莫展。

死神，一寸一寸地逼近，李林第一个开口，做出分析：敌人的既定目标是包围乱道沟村，所以，东平太东南的敌火力最重，也稳定；东平太村西、村西南的兵力随时可能移动。李林提出突围方案：派政卫连中的骑兵排向东冲击把敌人的重兵火力吸引而去，西南山头的敌军必然东移，政卫连另两个排掩护我大队伍可趁机向西南突围。

方案，在三位领导的默认中通过了，下一层问题就显得更严峻，更尖锐——

不管叫作丢卒保车也好，还是舍车保帅也好，这一思路意味着，高调东进的一个排小部队是要送掉的。那么，谁带东进部队吸引敌火力？谁带余部掩护突围？谁来作出这一生死指令？

稀疏的星光下，赵仲池非常作难的目光在姜胜和李林之间打转了两个来回，姜胜的目光和李林的目光不约而同地投向骑兵排战士。姜

后右起依次：屈健、姜胜、赵仲池、郑林；前右起依次：吴儒玢（为追随李林而来晋绥，抵达时李林刚刚牺牲；摄影时任中共朔县县委宣传部干事）、史立言（时任晋绥抗联执委）。图为他们在李林远行之后第8年的合影。（朔州市李林英雄文化研究会资料图）

李二人投来的目光，都意味着担当的准备。姜胜是战士们的新任领导，但他们的目光却都迎向李林——李委员，他们永远的"大姐将军"。

在乱道沟部署突围的间隙，李林给自己的爱人屈健匆匆写了一封信，信的末尾说到李林抚着自己已有数月身孕的腹部，清醒地意识到，自己的军事生涯并未因职务的一再调整而停止，属于她的一场大险大难，就在眼前。她雕塑般站在东平太街头的700人中，驳壳枪斜挂胸前，双手叉在腰间，朝着南山面无表情地略略凝神。

李林的右手伸向腰间的武装带，取出那支贺龙所赠的八音手枪。"咔啦"一声，她熟练地打开了弹仓，一粒子弹跳出她的右手掌心。她把它端在脸前凝视了一下，在手里紧紧握了握，重新装回弹仓。

小手枪重新回到腰间的同时，她回顾身后，从后期的太原军政训练班

慕名而来投奔李林的小姐妹于洪漪，[1] 李林协调安排她担任妇救会宣传部长。"反顽"之后困难时期，由于长期饥饿，于洪漪视力下降，夜间行军，李林总是将她带在身后，牵着李林的衣服行进。此刻，她腿上受过的伤还没好，李林从骑兵排中叫出一位年仅15岁的小战士，指令他骑马带于洪漪随机关突围。她把小战士的半自动步枪要到自己手里，亲手扶于洪漪上了马，向姜胜交代了几句，请他关照阿于。

姜胜闻言，忙说"我负责打掩护吧"。姜胜话还没说完，李林短发一甩，已经跨上了菊花青。

但是还有一个难题，谁去指挥骑兵连（应为排——本书作者注）呢？这时，李林同志"唰"的一声抽出驳壳枪，翻身跨上那匹战马，大声对我们说："这个部队我熟悉，我去指挥吧！"我们同意了她的意见。[2]

这时候，700人都仰望着李林，慈爱可亲的大姐，威严可信的首长。一个人的担当，正在幻化为全队的希望。这一片温情笼罩的希望使每个人都轻轻舒出一口长气——救苦救难的不在云端，在菊花青的马鞍上。

赵仲池和姜胜看见李林上马的时候，再次用手抚了抚自己的腹部，大家知道她已是身怀六甲的人。眼看再过半年左右就是当妈妈的人了。只见李林两手各执一支战斗用枪，用右手中的枪托敲了敲子弹袋；加上腰间早已别好的八音手枪，她三枪在身，子弹横腰，知道这已经是她的一片云雷滚滚的前战场。

---

① 于洪漪（1919—不详），又名史卓贞，贵阳人。1939年12月任雁北地区妇救会宣传部部长，1941年2月任平鲁县抗联主任，1942年，任神府县妇联会主任。1949年后，先后曾任四川省商业学校、四川工业学校校长，四川省化工厅政治部宣教处处长，四川省化工设计院党委书记等职。

② 赵仲池：《一位女战士》，山西人民出版社《巾帼英雄——李林》1985年4月第1版第123页。

姜胜上前与李林紧紧一握，将两夹子弹交给李林。赵姜二人还有话要说，李林打断道："就这样吧，没时间争论了！"随即高高挥动驳壳枪下达命令："骑兵排兄弟们，跟我来！"

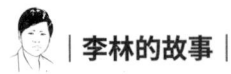

2
输人不输阵

战尘东进

骑兵排早已在李林身旁待命。在东平太的巨大危机面前，骑兵排战士们关注的，不是如何安全突围，而是能不能亲随李林再打一仗。当李林一跃上她的菊花青战马，骑兵排战士们同时都跃身上马。

"我们的行动是要吸引敌人的火力，掩护大队伍同志们突围。"李林一手把步枪竖立在胸前的马鞍鞒，一手挥动驳壳枪，发布了简单的训令："我们平日里不是常讲不怕牺牲吗？现在到了考验我们的时候了。记住了，打到最后关头，谁也不能当俘虏！"

说罢，她拨马朝东，率领骑兵排驰击东大沟。

李林的小部队并非顺沟直出。她先打北，又南击，再东下，专向敌人的火力中心冲击。一支小小的骑兵队伍杀声震天，弹火横飞，打出浩浩荡荡的声势。这种独有的英雄手笔好像专为开拓一条东大沟，似乎要穿透敌人的炮火之阵。猛烈的气势下，一场不满40骑人马对12000之众敌军的战争惊心动魄地开始了。

南北山头的日伪军虽兵力甚众，却对如此猛烈的出击方式毫无防备，他们的大阵之中不时有人栽倒在地，惨叫声、惊呼声频频响起。果如李林的分析：突然出现的对手，使敌军以为所包围的对象，或者一支重要的解救部队全在里面了，赶忙将南北两山的火力全部集中到这条狭长的东大沟。敌人的三部兵力卡在大沟两翼，以小钢炮、机枪为固定封锁火力，以步枪为移动穿插火力的强大火网漫布于前后三山两河之间，震天动地的枪炮声似乎要摧毁巍巍群山。

但李林眼都不眨，猛烈还击。左右两支枪的子弹都打光了，她就朝敌火力中心投一个手榴弹，趁着手榴弹爆炸的时机换梭子再打。在敌人包围到里外四层、炮火最猛烈的时候，李林为了减少身后战士们的伤亡，她一抖双缰，双脚站在了脚蹬上，用步枪高姿势还击。李林凭着高超的枪法，一弹一敌，打得近距离之敌只能本能地躲避。

李林就是这样，在万分凶险的火线上给自己的队伍开拓空间。她身后的战士们知道，这扛着天、扎着地的战法，其实是老母鸡护雏。他们在李林的战斗掩护下，也极尽勇猛地形成火力配套。

又前进了一程，除了南北两山之敌密集于大沟两侧的坡地，敌人两挺机枪正面封锁了李林的前路，密织的火网中，七八位骑兵兄弟倒下了。李林用手势紧急按下部队，她策马十沟边小径，隐身于马肚子底下，观察了地形，单马独骑飞跃而出，猛然出现在敌背后，她从马腹之下出枪，一手一枪，打哑两挺敌机枪。一瞬间，李林纵身于马背，挥枪高喊，片刻之机，率所余骑兵全力冲杀出了敌人第二层包围圈，静静地站立在西短川村西的路口，这里，已是敌人火网之外。

李林率部东进之后，东平太的心脏紧缩了。

李林的声势夺去了敌军所有注意力，南山的日伪军先缓后急，东移而去，西南部位一片宁静——这证明，事到如今，李林提出的方案，最为不坏。危局中的黄金机会，就这样天门大开，一支队伍突围的突围，隐蔽的隐蔽，霎时绝地重生。

李林掩护抗日队伍脱险而出的东平太村西南山地。（王宝国摄影）

干训班学员郭长在怀中藏有一颗手榴弹，所以在紧张的突围中，他将机会让给战友们，自己和一部分不便行军的人员隐藏于村南地形之下。

郭长在是洪涛山东麓下喇叭村①人。有一天，他手持一封信找李林告假，称他母亲病得厉害，正在吐黄水，他要回去看看。李林回想近况，训练班驻地并无外人进入，信从何来？她将郭长在叫到她住的屋单独谈话："想回家就直说，不要用这样的办法。"李林当时没有对郭长在多说什么，但她马上在班上宣布：在我们受训期间，有谁的家里有了事情，是可以请假回家探望的，但不提倡编造理由、欺瞒组织。

郭长在以为这下坏了，可敬的李委员再也看不起自己了。他哪里知道，李林的胸怀是装有一片太平洋的，她是个有主见没成见的人。在看似漫不经心地对郭长在谈话之后，暗中对他做了观察和调查，获知他说谎离队的动机原来是这样的——他"投奔八路军"为的是"打日本"，而来了培训班之后却每日只是"念书"，他嫌没劲。

李林暗中感动，又发现此人宅心纯正，性格内向。她从郭长在身上细心地总结出一条经验：人的心理世界是非常复杂的——一个人使用了不好的做法，不等于他有什么本质的大问题。李林通过各种看似随意的方式，

---

① 隶属山阴县下喇叭乡。

对郭长在给予了关注。李林的大度与坦荡，使郭长在万分感佩，渐渐地，他体味到李林不只是一个威严的首长也是一个亲和的大姐。他觉得，自己与李林大姐成了知音。他把李林讲过的每一句话都牢记在心，成为训练班学习最上进的人；更重要的是，他受李林的影响，懂得了作为一个男子汉，在民族危难关头应该如何做。

在东平太村，当李林率部东出之后，日军大部追击李林骑兵，地方上的汉奸们引领日军中的宪兵人员入村搜查。那些充当向导的汉奸站在各个地形的制高点上，面对复杂地形，用当地话虚张声势地吓人："看见你啦！别藏着啦，出来吧！"个别没有经验的同志经不住吓唬，自动走出来，一现身当即被害。

郭长在早已怀有必死之心。"打日本"的机会终于来了，但他不愿意死在一堆蓬草之下。他听到敌人的嚎叫，面不改色从容而出。他的一只手紧贴衣襟，手指上紧扣着手榴弹拉环，专等敌人近前。

大约上午8、9点钟时光，火着寒风的春日的阳光刺眼地照射在眼前，两个敌人朝他扑来，郭长在感觉到时间正在凝固。

战马西驰

大队伍从西南山上胜利突围。

李林的队伍冲到了东大沟东头的西短川村西口。

这里是一片平坦开阔、三面有路的洼地。此处偏南而出，是日军部署了火力的乱道沟村周边、元子河沿岸；北是大坪沟、屯港、阎家窑等火力空白区。这里是李林平时经常出没的地方——她若由此朝北转移而去，便是鱼儿脱却金钩去，摆尾摇头入海洋。

但是，李林驻足不动，侧耳凝神，听到西边山间，零星枪声仍然时有传来。姜胜回忆说：在李林同志的掩护下，由我指挥机关和训练班的大部队沿大沟南岔疾速突围。这时，南山上只留下少量伪军，不堪一击，我们打了几下，他们就四散逃命去了。于是，我带的队伍迅速突出重围。[①] 听在李林耳中的零星枪声原来如此，但李林哪里放心得下？那些日日夜夜一起工作、学习的同事与学员们，那些抗日政权明天的梁柱们，一个个一颦一笑，面影如现。她抚了抚自己的肚子，拍了拍菊花青的脊梁。她拨马回头，继续凝神谛听。菊花青一扬鬃，朝着西山长嘶一声，身后的战士们也都拨马回头了。

从西边的东村（东平太）到东边的西村（西短川），李林对身后虽已被打残仍如钢铁的一支小队下令："我们需要二次反攻，继续掩护我们的突围队伍！"

李林双腿一夹，菊花青箭一般射出，十几骑人马把一股新的烟尘卷上荫凉山。

原从南北山上集结而来东援的日军忽然不见了刚刚咬住的李林一部，正要后队作前队调兵重新搜索，没提防到背后忽然又遭到这股骑兵的攻击。由于李林小队的打击猛烈到间不容发，日军不得不一层层再次部署包围，集中力量来对付这一股猛虎骑兵。

又是一场激烈战斗，又有 3 名战士先后倒下。李林警卫员王海林的战马中弹倒地。李林随即下马拉他避到一棵树下，解下随身一个文件包塞进树下的土缝。她一边刨土把文件包埋得严严实实，一边叮嘱王海林："记住

---

① 石生荣:《六十年回忆》，远方出版社 1997 年 10 月第 1 版第 107 页。

这个地方，队伍回来了，把文件交给专署。"王海林闻言，哭了。

但李林笑了。她拍拍手上的土，从衣袋里取出自己从集美珍藏至今的一支钢笔，递给14岁的王海林，拍着他的肩膀，轻声说："做个纪念吧……"

王海林放声大哭。

"哭什么！还算个抗日战士吗？"李林训斥一声，然后手指山坡以南，柔声叮嘱："你走吧……你人小，敌人不会注意你，你赶快沿着下面这条小沟跑出去。只要碰到老乡，他们会掩护你的。"

王海林泪眼迷离地揪着李林的衣襟不肯走。炮火又一阵大响起来，李林在炮火声中提高声音下了命令，王海林洒泪离开。

当再听不到西山梁的枪声时，李林回身招呼战士们东转突围。这是为了掩护突围者的突围，也可以叫作为了前突围的后突围。

这时的日伪军已经完成了对乱道沟和东平太两村的战斗搜索，多日侦察、精心布局、志在必得的一次大"围剿"，枉费重兵一万二，竟然一无所得。乱道沟村南山上的指挥所里，日军总指挥被沉重的失败感压迫得暴跳如雷。他命令调整阵势，尽快将火力集中到仅有的包围对象身上，以图活捉几个指挥人员，从他们口中获取逃脱者的信息。

于是，南北两面的敌军很快形成了对李林新的包围。举目处，山顶山坡，到处是在快速运动着的日伪军，闪烁着魔鬼气氛的膏药旗和闪耀着森森寒光的枪刺刀，像移动的树林一样漫布群山，大山变成了波动的海洋。

战况激烈而深不可测，李林坚定的军事自信始终支持着她和战士们。还有11名战士在她的身后，这仍然是一支铁军！李林率领自己的小部队进退有度地边战边往东南方向郭家窑村运动。

　　李林的菊花青是匹有悟性的战马，它久经沙场，又长期跟随李林，谙熟主人之性，培养了驰骋战火和辩听敌军的本领。战场上，菊花青极善在枪林弹雨中敏捷飞驰。它朝着枪声方向前进，能根据枪声的强弱、远近和子弹落地的声音是轻是重，而准确判断敌军的方位和距离，同时灵敏地调整步态，控制速度，帮助主人从容而不失时机地战斗。在荫凉山这场血火大战中，马从人意，人扬马威，李林脚踏马镫，一条手臂平端步枪，一只手挥动驳壳枪，时而大枪远射，时而小枪近打，始终挡在火线前沿。

　　此刻，在荫凉山上二次攻击之后的二次突围中，李林勒转马头，前军作后军，在后掩护战士，以一人双枪，抵挡迅猛逼近的敌人重兵。她远射近战，疏打密击——冲在前锋的敌人必须倒下，这是退敌之兵；群涌在后的敌人大部队中，也必须不时地有人突然爆头，这是摧敌之心。想当年，霍去病带精兵小队穿插在汹涌如潮的匈奴兵之中每战必胜，也必如此。李林打得艰险、打得艺术，包围而来的大敌却如空手抓鱼一样无奈，一股奇特的骑兵眼看要突出包围圈。

　　在突出包围圈的最后一座山峁，敌军的炮火从四面袭来，菊花青应对不暇，没能避开敌军的一颗手榴弹，它的嘴骨被弹片击伤，疼痛之下，一失常态，身子本能地摆道了一下。它的主人由于只顾了作战，意外之下，没有揽紧缰绳，她紧急将右手中的步枪往怀里一送，腾出手来向马鬃探手一抓；只瞬间之差，李林腰一斜，滚落下马，摔下了半坡。那支半自动步枪也离她而去。

　　首长落马，数名战士勒马回缰下马来扶，李林急喊："干什么？赶紧往出冲！"

李林集美学友林专心、魏秀华回忆李林的性格："她待人和气，说话温和，不会随便对人发脾气，喜欢帮助别人，大家都喜爱同她相聚在一起。"没有读到这段回忆的晋绥骑兵战士们，对李林的感受与集美女生相同，战士们从来没有听到过"大姐将军"如此严厉的呵斥。他们听到的这一声喊，是从一位战将的口中喊出来的，却是一个做母亲的呵护。战士们不敢犹豫，一抖缰绳，冲过山梁。

失去了战马的李林匍匐在地上，继续回身向追击之敌射击，为冲向山梁的数位战士打掩护，几名战士最终脱险。

李林把部下送给她的最后一丝生的希望还给战士，和身边仅有的两名没了马的战士匍匐着艰难地转向荫凉山顶。她刚刚掉转方向，嘴巴上流着血的菊花青长声嘶鸣，返身朝她奔来。一串密集的枪弹射来，菊花青像一座小山一样轰然倒地。李林看见它的长鬃在一瞬间惊心动魄地翻飞而起，她两泪潸然，抬手于额际，伏在地上向先她而去的战友菊花青默默地敬了个军礼。

"李委员……"一个微弱的声音传来，李林看见近处爬着一个战士，朝她流泪敬礼。他的礼是敬给她的，敬给为战马敬礼的她。她提着驳壳枪朝他匍匐靠近。李林摸到了战士，发现他腰部有鲜血流出，伸手把他的血抹到他脸上，对他说："你别动了，敌人来了，你装装死。"这是最后脱险的又一位战士。

一阵枪声，随身的最后两名战士中弹牺牲。李林的手臂、大腿、胸侧也已各有受伤。李林清醒地知道，自己的突围已经没有可能，属于自己的，只有战斗到生命的最后。

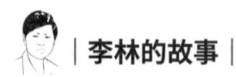

最后一弹

"输人不输阵，输阵番薯面。"这是李林家乡漳州民间的一句俗语，意思是：宁可牺牲了人，也不能输掉战斗；如果输了战斗，则如一头番薯一样难看。

为了支持自己继续大战，李林忍着剧痛蜷伏在一片大岩石边的地洼，从军衣上扯布条试图自裹伤口。低头处，她看见自己的鲜血洒在荒草上，竟然形态各异：针叶毛细的狼蓑草将她的血分崩四溅，狼蓑草本身却明净如洗；焦黄的头疼花棵子将她的血悄然吞饮，变出生动的暗青色。

一阵强烈的晕眩袭来，李林停下双手，闭上双眼。

早春的寒风仿佛冲荡在一个坚固的壁垒，传到李林耳里，如撞击，如怒吼。她咬着牙抬起头来，循声举目，看见山顶有一座小庙，正在迎击着阵阵寒风。

这时，敌人的炮火又一轮逼近，李林一个人拖着身体运动到小庙前。她把驳壳枪放到庙后残雪上浸着凉，一摸子弹袋，空了。子弹没了，裹伤也就不必，她把空子弹袋和扯下的布片一扔，从腰里取出姜胜送给她的最后一夹子弹，装进驳壳枪。

群敌进入射程了，李林凭借小庙的掩护，一弹一敌准确射击，从各个方向涌来的日军被打得时有倒地，不敢近前。

拖着多处枪伤的身体，李林又顺坡而下，匍匐 200 多米，来到小庙东南的堰条洼地，这里名叫武家坟。如果朝着东南方向再移动 500 多米，她可以顺南坡一滚而下，落到郭家窑村乡亲的怀抱。但是，她伤口的血越涌越多，身体已经完全不允许她移动一寸。此刻，成群的敌军已经近距离包围而至，李林的身子半掩藏在地堰下，凭借自己准确的枪法，忽而连点连射，忽而单打冷射，她面前的地堰又摆下6具敌尸。敌人产生了错觉，以为里面还有一个小队伍，随时可能出奇兵。敌群后退，武家坟出现了片刻的宁静。

这片刻的宁静中，李林检查驳壳枪膛，子弹还有两发。她望了望眼前的荒草，知道还将有两具敌尸摆在这里，她微微一笑。

太阳升起来了，交织着寒风的初春的阳光洒在她的脸上，她试着挥动手臂，浑身伤口剧烈疼痛，一阵晕厥，她倒在洼地草丛。

郭家窑村的胡义功和他11岁的儿子胡芳，在荫凉山对面的牛脊梁地里趁早耕地。地才耕了几垄，仗就打起来了。他们伏在地塄下看到了荫凉山上的战事全过程：太阳出来后，向东涌动的大片日伪军，队形忽然乱起来；荫凉山东坡上有一股骑兵卷着烟尘打上山来，冲在最前的一个时而伏在马背、时而站立起来双枪齐发。再留神凝目，发现她的脑后有头发飘动，老乡们就知道那是李林。

枪炮声时紧时缓，尘土飞扬中，李林的骑兵渐渐稀少。当再也看不到一匹马的时候，胡义功心里一急，忘记了危险，从地塄下跃身而起，观望战况。日伪军时起时伏的叫声中，夹杂着零星枪声。枪声停止，黄漫漫一片日伪军涌到武家坟时，胡义功哭了。

"抓活的！抓活的！"

敌人的呼喊声惊醒了草丛中的李林，她一跃而起，奋起生命的全部力量，挥起驳壳枪连发两枪，最前面的两个敌兵应声栽倒。

敌人受到对手的突然袭击，一时陷入不知虚实的恐惧，再次后退。这个短暂的时间里，李林将驳壳枪拆下枪机与弹仓，四散扔弃草丛。

她拔出三号八音手枪，子弹只存一粒……

日伪军用自己的叫喊壮着胆，再次成群围上来，只听一声清脆的枪响，李林将最后一粒子弹射入自己的头颅，面容上凝固着从容而自信的微笑。

时为1940年（民国二十九年）4月26日。一位不满25岁的南洋归侨，一位曾辗转祖国南北寻求救民救国出路的民族知识分子，一位能文能武的中共党员和牺盟会员，将最后的鲜血浸透在塞外洪涛山下的荫凉山上。

从此，巍巍洪涛山挺起民族精神的海拔。

这个时间，东平太村南坡小路口，一声手榴弹爆炸，郭长在与一名争功心切的汉奸炸飞在空中；随后赶来的一名日军重伤倒地，他的身上血肉模糊地溅满了两个不同的中国人的断肢肉块。

当集美女生李秀若自饮了这最后一粒子弹之后一年多，她的集美校主陈嘉庚也为自己随身预备了"最后一粒子弹"。

1941年（民国三十年）12月8日太平洋战争爆发，日军占领新加坡，为捕获陈嘉庚而悬赏百万。陈嘉庚说：敌人扣捕余，必不与此间侨领同，或将使余作傀儡，代他说好话，余决不从……[1]在黄丹季等印尼华侨和集美、厦大校友的掩护下，陈嘉庚以年近七秩之身自1942年（民国三十一年）2月4日起辗转避难印尼泗水玛琅3年。在他的学生李秀若少年侨居之地，陈嘉庚常备一粒氰化钾随身携带，并以诗明志——

胜利未达，敌寇未败，潜踪匿迹，安危未卜。余唯置死生于度外，作俚诗一首以见志。

---

[1] 陈嘉庚：《陈嘉庚回忆录》，东方出版社2010年11月第1版第334页。

领导南侨捐抗敌，会场鼓励必骂贼。／报章频传海内外，敌人恨我最努力。／和平傀儡甫萌芽，首予劝诫勿惑昧。／卖国求荣甘遗臭，电提参政攻叛逆。／强敌南侵星岛陷，一家四散畏虏逼。／爪哇避匿已两年，潜踪难保长秘密。／何时不幸被俘掳，抵死无颜诣事敌。／回检平生公与私，尚无罪迹污清白。／冥冥吉凶如有定，付之天命惧奚益。／中华民国卅三年四月十四日于爪哇晦时园①

日伪军的包围圈控制到荫凉山外围的时候，并不知道包围了多少人马。孤身李林的神射，直到最后的时间都在以一个小分队的气势威慑着敌军，他们只得动用了大部队一圈一圈慢慢压缩。当包围圈压缩到武家坟洼地时才知道，原来，与他们对峙了这么久的，只有一个兵，这个兵正在昏迷，他们遂发喊要"抓活的"。

他们最终"抓住"已经自尽的李林时，发现这个只身一人打出一个小部队的声威的对手，竟是一个矮小的女八路。他们边喊边慢慢靠近，近至李林身边，明明白白看到一个女兵静静地躺在荒草里，日伪军竟然又一次惶然后退。当他们确认这个女兵没有再次一跃而起，才迅速围聚而上，慌乱地用枪刺刀捅刺了李林的遗体。

荫凉山战事结束，一个日军佐官随后赶来，他走近一看这一罕见情形，可能认出了这便是他们曾于23个月之前重金悬赏的李林。他的士兵已经残害了她的遗体，他脱下白手套，对肇事者甩手打了两个耳光，然后两脚跟一并，对倚在武家坟土堰卜的李林脱帽敬礼。

这一待遇，是李林用刚强的最后一枪为自己争取到的。

---

① 陈嘉庚:《陈嘉庚回忆录》，东方出版社 2010 年 11 月第 1 版第 336~337 页。

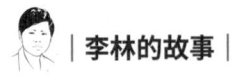

这一枪，换给万万千千的人叩问内心，会有不同的结果。但这一枪，是由一位年轻的侨女打出的。太原以来苦练军事，她学会朝前打、朝后打、斜着打、趴着打、飞枪打、骑行打、马肚子底下弯枪打，无数种姿势的打枪；她在白天打、黑夜打、下雨打、刮风打、雾中打，在任何一种天色和气候下打枪……而最后这一枪的打法——弯回手腕，朝向自己——她可曾练过？

这一枪，说来容易做来难。为人谁不恋生命！但壮烈的死可以震天撼地，生命的长度骤然中止之时，其宽度拉伸到无限，覆盖无边。这一枪里包含了现代英雄的壮烈气质，也包含有中华传统女人的贞节气质。这一枪打出了既可以告慰古人又必然垂敬于后人的双重品格，这一枪打出了真正的中国人的秉性。

洪涛山下，荫凉山上，日军佐官将李林平置于土堰之下，脱下自己身上的军大衣覆盖了李林的脸，然后指挥士兵动起手来，用枪刺刀从土堰上刨土而下，将李林就地掩埋。李林扔弃了的驳壳枪身，被对手刨土时再刨回来，插在她的坟头。

这位日军佐官流连于眼前小小的土堆，口中喃喃而言："看来，中国不会亡……"

第十章

长城福音

1

庙高塞北

"荫凉山上去拜雨，不下冷蛋（雁北土语，意为冰雹）下好雨。"李林曾听过周边村的老乡们说到这座小庙，有人说是龙王庙，也有人称拜雨庙。没想到，自己也来拜了一拜。

荫凉山坐落于洪涛山西麓，一山分两县，平鲁山阴各一半。山不算高，却四面开阔，一年四季大风浩荡，显出一座大山的气场。拜雨庙是山阴县西短川村人因这一带多有冰雹而于民国初年集资敬立。庙不大，但

平鲁县与山阴县交界处的荫凉山，山顶的拜雨庙是李林为掩护队伍确保顺利而二次攻击敌人血战之处。（王宝国摄影）

高居山顶，巍巍然颇有凝聚风水、镇定山河之气象。

小庙有灵，这天经见了自己诞生以来最大、最骇人的事件——无数的人上山来，他们一不烧香二不敬表，竟一路打杀；只有一个流着血的女子在门前投下衣衫半条、布袋一口，却是稀奇的敬供。

日伪军退兵了，晋绥人尚未回师，荫凉山上，唯有悲风浩荡。风过处，从李林静卧着的武家坟到她刚刚激战过的拜雨庙，她的血迹洒成一条断断续续的线。

救民教育，救民救国，你选择的道路是光明的、超绝的，却又是那么漫长而迢遥。你想的是培育一代新民，建造一个不需要英雄的、人人自尊自强的人文之国。你的理想之路才要迈步，侵略者逼近，国土沦丧，你一转身，成了一位抗日英雄。

你发誓"甘愿征战血染衣，不平倭寇誓不休"。此刻，日寇尚未平灭，你身竟先死，但你的战果堪可告慰于你。且不说两年前你威震晋绥的战绩，只说此次反"围剿"大战，你又一次胜利了。

当你带着一个骑兵排的东进部队声势浩大地冲入血火战阵，东平太的目光真切地看到，你的声势夺去了敌军所有注意力，南山的日伪军先缓后急，东移而去，西南部位一片宁静——这证明，事到如今，你提出的方案，最为不坏。危局中的黄金机会，就这样天门大开。赵仲池和姜胜紧急部署突围的突围、隐蔽的隐蔽，大队伍得以分两部分脱险。

其一，赵仲池、姜胜带大部分人员趁机攀越西南山，在连长朱训学和指导员韩岗所率政卫连的两个步兵排分头保护下，由西成功地突围而出。

其二，隐蔽在村中的伤兵和女同志、隐蔽在山沟地形之下的干部和学员，在东平太、西平太两村群众的舍身掩护下，大部分得救。

仲池同志对我说："这次如果不是李林同志率骑兵把敌人引向东追，我们肯定会受到更大损失。"他还说："李林同志牺牲得很英勇，我们要向她学习……"[1] 白履荫与赵仲池劫后余生话当时，无限感慨。

"在她心爱的菊花青战马前，我和李林同志紧紧握别……哪里想到，这一握别竟是和李林同志的诀别……"说到这里，姜胜同志的眼里泪光闪

---

① 石磊：《功绩卓著，名扬塞外》，科学出版社《赵仲池纪念文集》1999 年 9 月第 1 版第 94 页。

闪，沉默了一会儿，才继续说下去……"在李林同志的掩护下……我们大部队是突围出来了，可是李林同志他们却陷入了困境。李林同志的通信员二和子事后告诉我们，李林同志一直打得非常英勇……"姜胜同志终于抑制不住眼圈里的泪水，泣不成声。我的眼里也滚出了热泪……① 姜胜与石生荣在延安共话李林，真情动人，热肠感人。

"李林阿姨为了掩护我的父亲献出了自己年轻的生命！她永远活在我们的心中。"② 姜胜之女姜建新用自己真挚的心对世人报告了历史真相。

日军对洪涛山抗日力量九次围剿，九次失败；第九次用兵超大规模，第九次失败更加沉重。重兵围剿之下，对手一共损失 72 人（包括李林所率骑兵排战死者和东平太街头起步时全部人员中未突围者），其中剿杀了李林，看似一大胜利，却是一大耻辱。23 个月之前精心组织悬赏，要一个活的李林，倘若成功，可以算作一个大有品位的胜利。而此刻，他们据多日侦察，重兵包围的乱道沟村目标里并无李林。

李林，你的牺牲令晋绥人和全体华人永远心痛。但你以数十骑骑兵战胜了日伪军万余人大"围剿"，将被包围的抗日力量奇迹般地、基本完整地解救出来。他们在之后的抗日斗争中继续着中共的抗日政策，产生着令敌胆寒的作用。据日本军方透露，至 1940 年，"日军在华北有九个师团和十二个旅团的强大兵力被钉死在那里"。这样，就大大地消耗了日本的国力，牵制了日本的兵力，从而导致日本侵略者的"整个战局陷入完全被动的局面"。③ 李林，你的这一胜利，关系到整个华北对敌大局，对敌人南进派主导的及

① 石生荣：《六十年回忆》，远方出版社第 1997 年 10 月第 1 版第 106~109 页。
② 引自姜建新 2017 年 3 月 4 日给本书作者的邮件。
③ 天津市政协编译组：《〈华北治安战〉译者说明》，天津人民出版社 1982 年 6 月第 1 版第 2 页。

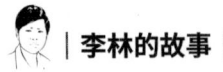

早调兵南下这一大计划，也是一个有力的阻滞；上升到我们的全国抗战大局，也是一大支持——这是可以告慰你的第一胜利，一个看得见的胜利。

你用牺牲换来的第二胜利价值更大，那就是人心的大胜。看见你长眠在荫凉山，日本佐官说："看来，中国不会亡"；晋绥人民说："有共产党这个不怕死的党，中国，最终还是中国人的。"

"南洋华侨殉国在雁北抗日前线了！"这句话在整个华人世界和日本侵略者阵营里风传，它的价值是对敌方信念的直接洞穿，是对抗日信念的直接提振。它是默然踞守塞上的内外长城散发的福音。

2

侨家爱侣

李林牺牲前一夜，屈健在窝棚沟村整夜不安。后半夜，他梦见自己在波翻浪涌的大海边，眼看着爱人李林乘着一只船越飘越远。

"阿林！阿林！"

"林……"

他呼叫她，她却任凭他怎么喊都没有应声。他的爱妻阿林，一如往常出门前一脸憨笑回望着他，在他的呼喊中远去，人不见了，船也不见了，只见波涛滚滚……

在北京中日友好医院，屈健为本书作者讲述李林。（江中仙子摄影）

窝棚沟距离李林激战的郭家窑村后荫凉山仅 16 公里。屈健梦醒，依稀听到枪炮声，他走出屋子，坐在院外石碾盘上的碾磙上，盯着西方的夜色。

枪炮声渐稠渐疾，屈健的心越缩越紧。他转移到窝棚沟后，即获知日军已经出兵的信息，战事紧接着就打起来，他预感到自己的亲人和战友们凶多吉少。他一阵心悸，不由地回首北望。窝棚沟以北 5 里之遥，便是温暖的沈庄窝。他们从那里拉起手来，16 个月来，他幸福，他骄傲，无论是在生活中还是在公务上，屈健仿佛获得了再造。林的关切是那么真挚，林的帮助是那样有力……戎马动荡的 16 个月来，他不敢想象失去林的日子还怎么过。

但是，他的林最终失去了，天崩地裂般失去了。

中华人民共和国成立之后的和平岁月里，生活在北京的屈健，曾几度来到塞外小县平鲁的陵园里哭悼。塑像上青铜的马蹄，墓围上生动的字刻，屈健抚来，温度尚存。曾任平鲁县委办主任的老干部周亮于 2008 年研究李林题材电视剧的会议上讲述道：……那次屈老回来，住在县招待所。上午就是纪念李林牺牲 45 周年的大会，开早饭的时候，屈老不见了。大家在招待所和政府大楼周边四处寻找，都没有找到。所长老刘从外面返回所里说，屈老在天麻麻亮的时候就一个人出了大门……大家恍然大悟，追到陵园，看见屈老倚在李林的墓前长哭不起，他预备在手的毛巾已经湿透了……

奇异的梦境，交叠的回忆，焦虑的想象。一个上午过去了，一个下午开始了，年轻的王海林踉跄而来："李委员失去联络了！"

屈健一听，什么都明白了，他跌坐到石碾盘上，痛苦地摆手、摇头、流泪……什么也不再问。强烈的疼痛感刺得他的脑子里一片空白。

许久，他随王海林朝郭家窑一路行来，心里又不自觉地生起许多自我安慰——

或许，一场大战，她真是"失去联络了"，当我到达郭家窑，她就会像平时开玩笑那样，突然出现在我和战友们中间；

或许，她伤势很重，高度昏迷，听到我的声音就会睁开眼来，像平常那样一笑双眯眼，她甚至会惊喜地一跃而起，将我拥抱……

这些迷乱而虚幻的意念鼓舞着屈健，他的脚步像踏着云雾一样，不知不觉走完了 16 公里山路。而他看到的爱人，并没有欢笑而至，也没有扶床而起，她已经被清洗"更衣"，宁静安卧。

除了"更衣"之后的装束与平时不同之外，她像平时累了一天之后睡在他身边一样，安眠了。只是，两只眼窝很是深陷，脸上的表情比平时更加刚毅。他知道，她自 24 日出山之后，连续两日两夜征战不休，肯定很累了。

可是，倭寇未平，林岂能休！

柏玉生将一封浸血的信交给屈健，这是石三女和郭爱娃从李林的血衣中很费劲地取出来的。屈健颤抖着双手打开，是一张黄色的草纸，李林用拉丁化的新文字写下了对他的关切——

……你去后的那天刮了大风，不知你受凉了没有？我很担心！在一块时，有时还会吵吵嘴，分开了却非常想念你。敌人又要发动围剿，但我们已经做好准备，一定可以粉碎敌人的进攻……

屈健读信，泪眼迷离。信中的字迹是那么熟悉、亲切，同时也透出一股令人激荡的气势，隐藏着令人不安的紧张……末尾是表达亲昵与深情的字母：GOGO。

1995 年 4 月 26 日，屈健全家在李林墓道祭奠。前左起依次为：屈健、夫人袁瑛；后左起依次为屈健子女屈小冰、屈庆乙、屈海云。（屈小冰供图）

柏玉生说："昨

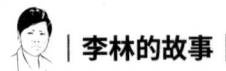

天夜里 11 点多，部署突围大会之后有一点空隙，她写了这个信，就坐在我对面。写好了，又含笑装回到自己的衣袋。"可以想象，充满军事自信的李林，当时所想的必然是我们突围获胜后转移到北部山区某个宁静的山村，这信就会从容地寄到阿健手里。

林，你做了天大的担当，在最仓促之间还没忘了你的阿健。你的英武，是一座洪涛山；你的挚爱，也是一座洪涛山。

屈健抚摸了李林的脸——这还是你吗？我的爱妻？

当摸到颔下的小枪眼时，屈健的心被疼痛感一击，一声凄怆的悲鸣摇荡在洪涛山下——

"我的林啊……"

3
侨系行星

灰蓝色的制服，浅蓝色的衬衣，全被鲜血浸透了。

大块大块的血，厚重得发沉的血，一个南洋侨女的血，一个集美女生的血，一个雁北姐妹的血……

血衣由屈健收存，先送兴县蔡家崖山西省第二游击区行署（晋西北行署），又被送到延安。血衣最终落到哪里？屈健老人告诉本书作者，中央妇委说是送到了中国人民革命军事博物馆，他曾到馆寻问，被告知陈放乱了，找不到了。

但是，当时传送血衣的一路上，许许多多的人必然回想到李林在5年前写下的诗谶——

甘愿征战血染衣，不平倭寇誓不休！

——侨女的心！英雄的命！

李林牺牲后，在中共解放区大举悼念这位集美女生期间，集美校主陈嘉庚来到延安。想祖国抗战二年余，沿海重要出入口概失守，华侨回国甚形困难，对于战争状况、民众生活多不详知，虽逐月输汇义捐，及派遣机工回国服务，未尝举派代表回国慰劳忠勇抗战之将士及遭受痛苦之民众，海外华侨于义实有未尽；[①] 为了"鼓励祖国同胞，增加抗战民气，及回洋报告侨众增益义捐及多寄家费以加外汇"，67岁的陈嘉庚发起组织南洋华侨

---

① 陈嘉庚：《陈嘉庚回忆录》，东方出版社2010年11月第1版第67页。

52 人回国慰劳团，历访重庆、延安、晋西等 15 省的多个地方。

陈嘉庚抵达延安的时间是 5 月 31 日。这个日子，是中共中央妇委举行李林追悼会后第 5 天，是孟庆树、张琴秋二位中央妇委委员联名发表文章悼念李林的当天。6 月 1 日，陈嘉庚参观延安女子大学；下午 4 点钟，朱德陪同陈

1940 年 3 月，陈嘉庚率团回国做抗战慰问，受到国内各界的热烈欢迎。（选自《陈嘉庚回忆录》）

嘉庚与毛泽东会晤。当晚，毛泽东、朱德陪同陈嘉庚到中央大礼堂出席"延安各界欢迎陈嘉庚先生晚会"。延安城刚刚"送别"了一位集美校友，又迎来了集美校主。集美校主陈嘉庚，踏着学生的去路迎面而来。

2013 年 10 月 21 日，纪念陈嘉庚先生大会上，纪念李林的文艺表演。（王宝国摄影）

这一年的最后一天，陈嘉庚回到新加坡，在怡和轩俱乐部答记者问时，他的第五子陈国庆前来看望，陈嘉庚讲到"余此次劳军经延安所见"时，对儿子介绍了集美中学校友李秀若壮烈殉国，并被中共中央妇委表彰为民族英雄的情况。

即使校主此行完全没有听到学生李秀若的信息，但特定的爱国轨道上如同相约，交相辉映、并行数年的侨系二行星，于一个特定的地方，做了爱国华侨神圣大交集。

尾　章

不仅仅永垂不朽

1
"爱生"与"爱群"

"鉴湖女侠"秋瑾是近代民主革命志士，她在浙江轩亭口从容就义，用纯洁的血为中国妇女画出一条鲜明的线路，为"我中国女界中放一光明灿烂之异彩"。通过前面的故事，我们已知李林在杭州读书，专门奔秋瑾而来，她受秋瑾的影响很深很深。

芸芸众生，孰不爱生？爱生之极，进而爱群。[1]

这条秋瑾语录，说出了李林的心里话，也说出了心怀民众的英雄与革命者的心里话。

这不正是关于爱惜生命的一个逻辑吗？放在前面的"保存自己"只是个什么样的"自己"？而放在后面的"保存自己"，又是一个什么样的"自己"？辩论中的理论永远只是飘在天上的云，只有生死大关头的实际情形才是落在地上的雨。

男装秋瑾，李林之榜样。（朔州市李林英雄文化研究会资料图）

李林短短的一生参加了很多斗争活动，她一次次慷慨无私地将自己的生死置之度外，以一个孕妇之身作出生死大担当，她用自己慷慨的牺牲消灭了

① 秋瑾：《光复军起义檄稿》，上海古籍出版社《秋瑾集》1979 年 9 月新 1 版第 21 页。

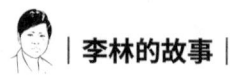

众多的敌兵，从而"保存"了将近700个"自己"。

更重要的是，她把这种"保存自己"和"消灭敌人"的生命辩证观作为自己的英雄精神，作为英雄文化，世世代代流传下来，成为全社会的文化财富。

友爱与爱情，对谁都是人生一大题目，包括李林。但友爱与爱情在英雄的心里，往往要退居第二位，要从属于其他。

李林与屈健在晋绥敌后结婚。李林的性格偏刚，屈健的性格偏柔，二人的性格差异很大。但是，二人相爱甚笃。可见，他们的爱情既有个人感情的后融，更有抗日救国理想的前置。

版画《抗日女英雄李林》。
（董其中作）

李林早在到杭州女中读书之前，母亲就给她设计了人生：早点找个婆家居家过日子。李林听了，不无忧虑地对她的堂嫂吴燕说："如果结婚，就有了拖累，干什么都不便了。"她费了很大力气才摆脱母亲的"良好用心"。此刻，抗日和革命，为这位生于闽南、长于南洋的侨女，设计了雁北，安排了屈健。李林与屈健的爱情，不仅仅是爱情观的典型样板，其实还是一种生命观的生动注脚。

2
"灯塔"与"保姆"

李林殉国,天下举哀。

中共中央妇委和陕甘宁边区妇救会在延安联合召开民族女英雄李林追悼大会。会后,中央妇委向晋绥边区发来唁电,电文高度赞扬李林的功绩,称其为民族女英雄。

二十余岁之青年李林同志,自一九三七年夏起即在前方英勇杀敌,不仅是女共产党员的光辉模范,而且是全国同胞所敬爱的女英雄。今竟英年战死,实我中华民族——特别我妇女界严重损失。[①]

李林牺牲,各级各地纷纷悼念、报道——报载中共中央妇委的悼念。
(朔州市李林英雄文化研究会资料图)

国民政府的《中央日报》、中共中央机关报《新中华报》、重庆的《新华日报》等多家媒体都在头版刊载了李林英勇牺牲的消息、通讯和纪念文

① 中共中央妇委:《悼民族女英雄李林》,山西人民出版社《巾帼英雄——李林》1985 年 4 月第 1 版第 12 页。

章。当局方面,《中央日报》在"妇女新运"版对李林的报道是——

女战士壮烈殉国

四月底,敌人又向我绥晋边境扫荡,是第九次了,我们的××游击友队政治主任李林女士,带着十多位女战士与敌人肉搏,果敢异常,不幸敌众我寡,她们终于壮烈牺牲了。全国姐妹将以更大的努力抗战工作来纪念她们,学习她们,踏着她们的血迹前进。①

李林牺牲,各级各地纷纷悼念、报道——《新中华报》的报道。(朔州市李林英雄文化研究会资料图)

中共中央妇委和各媒体的悼念文章都有同样的一组关键词:性情刚毅,行动敏捷,当临阵杀敌,骁勇异常。

中共中央晋西北党委机关报《新西北报》的社论中更有切中肯綮之句:

"李林同志的一生历史,是一部光辉灿烂的斗争史,她的死,无疑的是国家的一个大的不幸和损失,尤其是晋绥边区的人民更是失掉了他们最亲热的保姆,失掉了光明的灯塔。"②

---

① 张静:《抗战时期〈新华日报〉女英雄报道研究》,湖南师范大学硕士学位论文(2017年5月)第51页。

② 新西北报社论:《悼李林同志》,山西人民出版社《巾帼英雄——李林》1985年4月第1版第22页。

李林牺牲，各级各地纷纷悼念、报道——晋西北党委机关报《新西北报》的报道并社论。（朔州市李林英雄文化研究会资料图）

"保姆"与"灯塔"，是对英雄人物罕见的盖棺论定，是对李林的深入了解和准确定义。因为，李林高度关注社会人文生态，高度重视民众教育，深切热爱民众，她与别人一样能遵循组织规则办事，更有与别人不一样的创造性社会业绩。

在上海，她以一个中学生的身份创办了晏阳初式平民夜校；来到晋绥，她千方百计实施救民教育。更实际的是，她解救了众多童养媳并把她们培养成抗战干部。

印尼华侨学校里的荷兰学监说中国人是"东亚病夫"。在我中华，古代的奴婢制度本就"病"态，一夫多妻制度也是"病"态；童养媳，又奴又媳，非奴非媳。李林尽其所能，改革、动摇这样的社会生态。她凭借自己的队伍具有的政权威力，解救和培养了许多童养媳。在李林同志影响之下，平鲁、偏关等地的第一批女干部开始投入工作了。李林同志除在训练

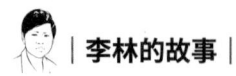

队伍的工作之外，又和这些女同志筹划着她们自己的组织。①

中国乡村社会还有一种更坏的现象：恶霸欺压百姓。一个村有一个恶霸，全村人的日子就过不安宁，全村人都要怕他，人们的心理不就扭曲了？于是就有乡谚说"不溜富的过不了，不怕恶的活不成。"这就把社会人文变异了。李林发现，正是这些恶霸紧紧依附于日伪军更加有恃无恐地欺良压善，所以她带兵或领导地方工作，一路杀奸锄霸，保护了平民百姓，同时斩断了汉奸网。李林的群众路线，并不是每到一地就挑水、扫院、劈柴，而是为一个人或一户人或一村人或一地人——办大事，办难事，办实事！这都是出于一个具有海洋文明视野的、国际思维格局的华侨人物的实质。到了别人的正统思维里来反映，虽不能要求准确，但人们的回忆还是很能看出李林与别人的不同——

"李林同志非常善于作群众工作，只要有空，就到群众家去串门。"②这是李林的上级赵仲池的回忆。

"她对我说过一句话，我永远忘不了的——'当你苦恼的时候，你到群众中去，苦恼就消失了！'我实践过，确实如此。"③这是李林爱人屈健的回忆。

"在这一带的生活和战斗中，李林成了'老乡'们、妇女们、士兵们的最亲切、最敬佩的群众领袖。她不但组织了广大的妇女群众，还把一个青年学生特有的革命热情倾注到每一个战士的身上，爱护和关心他们的生

①　赵仲池：《奔驰在长城内外的女英雄——李林同志牺牲二十周年纪念》，科学出版社《赵仲池纪念文集》1999 年 9 月第 1 版第 230 页。

②　赵仲池：《奔驰在长城内外的女英雄——李林同志牺牲二十周年纪念》，科学出版社《赵仲池纪念文集》1999 年 9 月第 1 版第 232 页。

③　屈健：《忆李林》，山西人民出版社《巾帼英雄——李林》1985 年 4 月第 1 版第 33 页。

活。"① 这是一位新闻老兵的纪念。

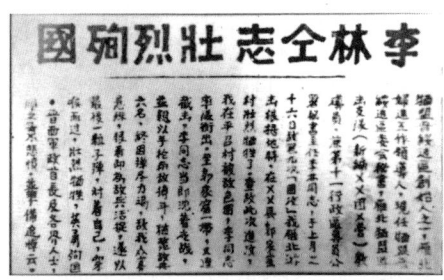

李林牺牲，各级各地纷纷悼念、报道——山东《大众日报》的报道。（朔州市李林英雄文化研究会资料图）

那么，李林这救民救国的丰满理想从何而来？

来自"四个正确"的叠加：一个正确的人物——有正义禀赋，且经海洋文明熏陶出来的侨女李林；在正确的时间——国家大转型的时代背景下，人格成长的受教育最佳时期；来到正确的地方——陈嘉庚手创的集美学村；接受了正确的教育——一个由传统文化为奠基、以爱国主义精神为格局的教育家园。

什么是集美这个"教育家园"的传统文化奠基、爱国主义精神格局呢？陈嘉庚先生为民族的未来着想的深刻的办学宗旨：吾国国运危如累卵，存亡未可预卜。然吾民族赖以维系不堕者，统一之文化耳。② 陈嘉庚以传承中华传统文化为己任，他通过教育事业，把中华民族的伟大精神传给了李林等万万千千后起英才。同时，苏俄革命文学的渗透，使李秀若在文学发展的同时，起始了她的革命生涯。

---

① 穆欣：《一位民族女英雄——记殉国的雁北游击战士李林》，新华出版社《历史的脚步声》1984 年 10 月第 1 版第 31 页。

② 张耀南：《陈嘉庚：为传承中华文脉而办学》，东方出版社《陈嘉庚回忆录》2010 年 11 月第 1 版第 1 页。

从李林往回看，中国历史上的民族英雄和革命先驱，大多是思想意识的觉醒者，又是知行合一的实践者。觉醒，使他们自觉；实践，使他们自强；牺牲，使他们自尊。觉醒，必有深厚而伟大的思想启蒙；实践，必有多种因素的合成；牺牲，必有伟大神性的奠基。李林，抗战时代到来，她成为一位慷慨壮烈的抗日英雄；在抗战以外的各个方面，她又实践了一个民族知识分子救民救国的大理想。她是一个实践丰富、精神丰满的民族英雄。

而李林以短短24年半的生命历程，能够集聚如此丰满的民族精神，是因为她的华侨出身、华侨经历、华侨视野。所以，山西省朔州市李林英雄文化研究会为李林作出一条定义文本——

她，是漳州坂口庵前的弃婴
她，是一位南洋华侨
她，是集美学校文学女生
她，是上海爱国女中"校中校"的创办者
她，是北平学联全市大游行总旗手
她，是威震冀悦的抗战英雄
她，是人民"亲热的保姆，光明的灯塔"
她，是
李林

华侨抗战女英雄李林研究会　出品

关于李林与李林精神的定位文本。(朔州市李林英雄文化研究会出品)

传统知识分子道统责任观与现代革命家担当精神相融合的华侨民族英雄之典型。[1]

提出了李林精神的三项定义文本——

勇于担当与道统责任观相结合的知识分子精神，勇于牺牲与救民救国思想相结合的现代革命家精神，勇于创新与开阔的视野格局相结合的华侨精神。

---

[1]　与下条三项定义，均为朔州市李林英雄文化研究会《李林》，朔内准字［2017］04号第5页。

参考文献

1. 李林，《致中央妇委的信》，山西人民出版社，《巾帼英雄——李林》，1985 年 4 月。

2. 李林，《突破敌人的第七次围剿》，山西人民出版社，《巾帼英雄——李林》，1985 年 4 月。

3. 屈健，《归侨女英烈——回忆李林》，福建人民出版社，《闽山鹭水共千秋——福建女英烈》，1990 年 9 月。

4. 屈健，《洪涛山抗日游击根据地的开创和转移》，平鲁党史资料第 15 期。

5. 李永成，《回忆李林姐姐》，漳州市，《纪念李林烈士特刊》。

6. 贾唯英，《侨女之光——记抗日女英雄李林》，重庆出版社，1993 年 12 月。

7. 贾唯英，《回忆李林学友》《龙海文史资料》，第 11 辑，1990 年 7 月。

8. 赵仲池，《奔驰在长城内外的女英雄——李林同志牺牲二十周年纪念》，科学出版社，《赵仲池纪念文集》，1999 年 9 月。

9. 赵仲池，《一位女战士》，山西人民出版社，《巾帼英雄——李林》，1985 年 4 月。

10. 孟允中，《巾帼英雄李林》，政协山西省委员会，《山西文史资料》

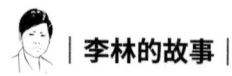

第 40 辑。

11. 刘震，《回忆李林同志》，山西人民出版社，《巾帼英雄——李林》，1985 年 4 月。

12. 王海林，《回忆李林牺牲的情况》，山西人民出版社，《巾帼英雄——李林》，1985 年 4 月。

13. 任平，《关于女英雄李林同志的片断回忆》，山西人民出版社，《巾帼英雄——李林》，1985 年 4 月。

14. 肖康，《李林——我永远怀念的好大姐》，山西人民出版社，《巾帼英雄——李林》，1985 年 4 月。

15. 中共中央妇委，《悼民族女英雄李林同志》，山西人民出版社，《巾帼英雄——李林》，1985 年 4 月。

16.《新西北报》社论《悼李林同志》，山西人民出版社，《巾帼英雄——李林》，1985 年 4 月。

17. 戴日新，《关于抗日民族女英雄李林烈士的几个问题》，漳州市，《纪念李林烈士特刊》。

18. 陈亚芳、林奋勇，《关于抗日民族女英雄李林的几点考证》，漳州，《人物研究资料》总第 3 期。

19. 杨建峰，《周恩来在大同谈李林》《山西日报》，2012 年 12 月 20 日 C4 版。

20. 郭鹏，《女教导员》，山西人民出版社，《巾帼英雄——李林》，1985 年 4 月。

21. 林青，《与万里长城共千秋——记民族女英雄李林》，山西人民出版社，《巾帼英雄——李林》，1985 年 4 月。

22. 舒志超，《李林在上海爱国女中》，山西人民出版社，《巾帼英雄——李林》，1985 年 4 月。

23. 亚苏，《忆李林同志》《中国妇女》，第 2 卷第 1 期。

24. 穆欣，《李林——侨乡的骄傲》，山西人民出版社，《巾帼英雄——李林》，1985 年 4 月。

25. 穆欣，《一位民族女英雄——记殉国的雁北游击战士李林》，新华出版社，《历史的脚步声》，1984 年 10 月。

26. 冷燕虎、欧阳惠，《赤子热血——环球华侨抗日行动》，解放军文艺出版社，1995 年 7 月。

27. 董祺文、苏璧，《东平太事件》，山西人民出版社，《巾帼英雄——李林》，1985 年 4 月。

28. 樊云芳、周浙平，《民族英雄李林》，山西人民出版社，1979 年 8 月。

29. 金默生，《敌寇眼中的两"太君"》，山西人民出版社，《巾帼英雄——李林》，1985 年 4 月。

30. 陈嘉庚，《陈嘉庚回忆录》，东方出版社，2010 年 11 月。

31. 晏阳初，《"中国近代思想家文库·晏阳初卷"》，中国人民大学出版社，2013 年 4 月。

32. 雒春普，《阎锡山传》，国际文化出版公司，2011 年 1 月。

33. 本书编写组，《胡乔木书信集》，人民出版社，2002 年 5 月。

34. 李蓼源，《阎幕琐记——阎锡山轶事》，团结出版社，2010 年 11 月。

35. 薄一波，《七十年奋斗与思考》，中共党史出版社，2008 年 1 月。

36. 本书编写组，《贺龙传》，当代中国出版社，2007 年 1 月。

37. 石生荣，《六十年回忆》，远方出版社，1997 年 10 月。

38. 于宁,《太原会战》,航空工业出版社,2016 年 7 月。

39. 陈长捷、韩伯琴等,《晋绥抗战——原国民党将领抗日战争亲历记》,中国文史出版社,2010 年 9 月。

40. 党洪恩、刘福斌,《西雁北革命斗争史》,山西人民出版社,1995 年 7 月。

41. 本文编写组,《为革命事业贡献一生——赵仲池生平》,科学出版社,《赵仲池纪念文集》,1999 年 9 月。

42. 范长江,《吊大同》《范长江新闻文集》,1989 年 9 月。

43. 钟俊昆,《陈嘉庚教育思想对当前素质教育的启示》《赣南师范大学学报》,2016 年第 5 期。

44. 唐献玲,《晏阳初平民教育思想研究》,中国优秀博硕士学位论文全文数据库［硕士］2006.12。

45. 王钦贤,《践仁成圣:从凡人到伟人——纪念陈嘉庚先生逝世五十周年》,《集美校友》第 180 期。

46. 张静,《抗战时期〈新华日报〉女英雄报道研究》,湖南师范大学硕士学位论文,2017 年 5 月。

47. 陈琳,《刘王立明年谱》,安徽大学出版社,2018 年 6 月。

48. 周松芳,《民国时期的女飞行家》《同舟共进》,2018 年第 3 期。

49. 政协全国委员会文史资料委员会,《文史资料选辑》,各辑。

50. 中央档案馆、中国第二历史档案馆、吉林省社会科学院,《华北治安强化运动·10》,中华书局,1997 年 12 月。

51. 北京市教委教育志编纂委员会,《北京市志稿·文教志》,北京燕山出版社,1998 年 6 月。

52. 本书编纂委员会,《北京普通高等教育志·中卷》,华艺出版社,

2004 年 7 月。

53. 政协山西省委员会文史资料委员会，《山西文史资料》，各辑。

54. 山西省史志研究院，《日军侵晋实录》，山西人民出版社，2005 年 7 月。

55. 漳州，《人物研究资料》，总第 3 期，1987 年 1 月。

56. 龙海县地方志编纂委员会，《龙海县志》，东方出版社，1993 年 6 月。

57. 平鲁县党史县志研究室，《平鲁县党史县志资料选》，1986 年，各辑。

58. 本书编纂委员会，《平鲁县志》，山西人民出版社，1992 年 10 月。

59. 本书编纂委员会，《山阴县志》，中国华侨出版社，1999 年 9 月。

60. 本书编纂委员会，《偏关县志》，山西经济出版社，1994 年 8 月。

61. 凉城县老区促进会，《老区凉城》，内蒙古人民出版社，2005 年 8 月。

62.［美］费正清、费维恺《剑桥中华民国史》，中国社会科学出版社，1994 年 1 月。

63.［英］拉纳·米特，Rana Mitter。《中国，被遗忘的盟友——西方人眼中的抗日战争全史》，新世界出版社，2014 年 7 月。

64.［日］日本防卫厅战史室，《华北治安战》，天津人民出版社，1982 年 6 月。

65.［日］服部卓四郎，《大东亚战争全史》，世界知识出版社，2016 年 1 月。